VERSUS

Christina Kuenzle

Your choice!

Der edelsteinige Weg zu Glück und Erfolg

Versus · Zürich

Bibliografische Information der Deutschen Nationalbibliothek
Die Deutsche Nationalbibliothek verzeichnet diese Publikation in der Deutschen Nationalbibliografie; detaillierte bibliografische Daten sind im Internet über http://dnb.dnb.de abrufbar.

Umschlagbild und Kapitelillustrationen: René Fehr · Zürich
Satz und Herstellung: Versus Verlag · Zürich
Druck: CPI books GmbH
Printed in Germany

ISBN 978-3-03909-341-0

Inhalt

Vorwort

Wie uns Soziologen mit vielen anschaulichen Beispielen und Zahlen belegen, leben wir ganz offensichtlich in einer «Beschleunigungsgesellschaft». In dieser verändert sich nicht nur unser Wissen enorm schnell, auch uns sonst Vertrautes, Sicherheit und Orientierung Gebendes scheint uns in atemberaubender Weise abhanden zu kommen. Dies wirkt sich auch aus auf Beziehungen, auf unser Rollenverständnis, eigentlich auf alle Lebensbereiche.

Bei sehr vielen Menschen löst das massive Verunsicherung, Verwirrung und auch Angst aus, was gleichzeitig wieder die Sehnsucht nach Halt, nach klarem Wissen darüber, «was wirklich richtig ist», und damit eben nach Sicherheit sehr verstärkt. Da ist es nicht verwunderlich, wenn die Tendenzen zu einfachen Antworten, zu Schwarz-Weiss-Denken, zu undifferenzierten «Schnellschuss-Positionen» und entsprechenden Handlungen immer mehr zunehmen, was sich ja auch zunehmend in gesellschaftlichen Polarisierungsprozessen zeigt, die auch sehr gefährlich für eine demokratische Gesellschaft werden können.

Wie die Ergebnisse der Hirn- und Embodiment-Forschung, ebenso der Priming- und Gedächtnisforschung zeigen (das sind Gebiete, die auch für meine Arbeit mit Menschen von zentraler Bedeutung sind), erzeugen wir alle durchgehend unser Erleben durch Prozesse der Aufmerksamkeitsfokussierung mit unseren verschiedenen Sinnen. Diese Wissenschaften belegen auch eindeutig, dass wir niemals «objektiv» sehen können, wie die Welt «echt wirklich ist», sondern alle Lebewesen konstruieren ihre Wirklichkeit (zum grössten Teil unwillkürlich und auch unbewusst) von innen heraus ganz autonom.

Gerade in dieser Zeit empfinde ich die Lektüre des hier vorliegenden Buchs als ausgesprochen wohltuend. Beim Lesen der verschiedenen Abschnitte werde ich nicht nur ruhiger, innerlich zentrierter, sondern erlebe ich mich auch selbst angeregt und sicherer, gelassener und entwickle wieder eine sehr wohltuende Haltung nachdenklichen Friedens bei der Betrachtung der Welt, meines Lebens und dem von anderen Menschen.

Dieses Buch bietet eine wunderbar reichhaltige Fülle von anregenden Angeboten für sehr hilfreiche Aufmerksamkeitsfokussierungen, mit der wir für uns eine Welt erzeugen können, die uns nicht nur hilft, ein gesundes, erfüllendes Leben zu gestalten, sondern auch zu mitmenschlicher Verbundenheit und dabei auch zu verantwortungsbewusstem Verhalten ermutigt für die Gemeinschaft, in der wir leben, auch für die Weltgemeinschaft.

Es enthält viele wertvolle Überlegungen, die man durchaus auch als anregende Ratschläge bezeichnen könnte. Als sehr wohltuend empfinde ich dabei aber, dass es nie belehrend, besserwisserisch daherkommt, sondern mit Respekt für die eigene Wahl vielfältige Optionen eben als Unterstützung für Wahlmöglichkeiten anbietet, kongruent mit Respekt für die dann zu treffende autonome Wahl. Und die kreativen Metaphern, welche die Autorin verwendet, um auch komplexe Zusammenhänge anschaulich darzulegen, finde ich nicht nur sehr prägnant und ästhetisch wohltuend, sondern auch nachhaltig wirksam, sie bleiben erfrischend klar in Erinnerung und können so zu einer hilfreichen Alltagsbegleitung werden.

Die Autorin bietet hier auch (was ich sehr kongruent finde mit der durchgängig hier vermittelten Haltung) viele durchaus kritische Gedanken an dazu, welche zum Teil merkwürdigen Trends in unserer Gesellschaft immer wieder auftauchen und die oft so verunsichernd wirken, dass sie zu Abhängigkeitsverhalten und sogar zu Krankheitsentwicklungen führen können. Sie macht das aber auf eine eher leise, sanfte, geschmeidige Weise, die nicht etwa marktschreierisch abwertend wirkt und zu Polarisierungen beiträgt, sondern sogar mit wohltuend verständnisvoller Haltung, sodass man sich wertschätzend angesprochen fühlen kann, auch wenn man womöglich selbst manchen dieser Trends bisher unkritisch gefolgt ist.

Es werden hier die unterschiedlichsten Facetten des Lebens, des Erlebens und Verhaltens im individuellen und interaktionellen Prozess aufgegriffen, dies aber in sehr bereichernder, differenzierter Weise, die nie zu einseitig wirkenden Perspektiven führt. Die in jedem Leben als grundlegende Organisationsstruktur menschlicher Existenz eingebauten Ambi-/Multi-Valenzen werden sehr schön auch in vielen absichtlich so gewählten Sprachmustern stimmig aufgegriffen und dargelegt, dies passt sehr stimmig zu den wichtigen Hauptbotschaften des Buchs.

Die angebotenen Sichtweisen schaffen viel Ermutigung für den jeweils einzigartigen Weg von Menschen, auch mit feinsinniger Unterscheidung der Wege zum Beispiel von Frauen und Männern, ohne deshalb einseitig jemand abzuwerten. Überzeugend macht die Autorin dabei aber auch klar, dass die tragende Stärke eines Menschen und auch seine Attraktivität in Beziehungen sich gerade erst dann entfalten kann, wenn man auch seine bisher eher ungeliebten Seiten, die man womöglich als «Schwäche» abgewertet hat, achtungsvoll integriert und sie mitfühlend an sich annimmt. Das gerade führt dann nämlich nicht dazu, dass sie so bleiben, sondern auch – systemisch gesehen – ihre wertvollen Aspekte für sich und auch für andere erst richtig entfalten.

In unserer so massiv auf Leistung und äusseren Erfolg ausgerichteten Konsumgesellschaft werden Menschen unablässig überflutet mit Botschaften, dass ihr Wert davon abhängig sei, diesen von aussen vorgegebenen Kriterien am besten perfekt zu folgen und sich ihnen zu unterwerfen. Überzeugend macht die Autorin klar, dass genau das nicht zu einem Sinn-erfüllenden Leben beiträgt, sondern eben, sich achtungsvoll selbst anzunehmen, dies durchaus mit kritischer Selbstreflexion, aber konsequent auch darin, seine eigene Einzigartigkeit zu verbinden mit einer Haltung von Demut und der liebevollen Anerkennung der eigenen Endlichkeit.

Die klug abwägenden Gedanken hier erfassen feinsinnig die Vielschichtigkeit menschlicher Existenz in unterschiedlichen Lebenskontexten der heutigen Zeit. Gleichzeitig helfen sie sicher den Leserinnen und Lesern auch dabei, spüren zu können, dass diese Demut und das Anerkennen der eigenen Begrenztheit gerade nicht zum Beispiel zu Frustration, Zynismus oder Verzweiflung führen muss. Ganz im Gegenteil schafft es die Autorin, anschaulich zu machen, dass es Menschen helfen kann, zu innerer Zufriedenheit und einer ruhigeren Gelassenheit zu kommen gerade durch die Erkenntnis, dass wir als Individuum eingebettet sind in einen viel grösseren Zusammenhang, in einen Sinnrahmen, der weit über uns hinauswirkt und der uns in all der Hektik, den Leistungsanforderungen und dem Stress unserer Beschleunigungsgesellschaft schützend umhüllt.

Gerade die so erreichbare würdigende Loyalität zu sich selbst in der eigenen Nicht-Perfektion, das macht dieses Buch deutlich, macht uns Menschen erst stimmig möglich, aus dieser Einzigartigkeit heraus sensibler zu werden auch dafür, mit Staunen aneinander würdigende konstruktive Beziehungen zu anderen Menschen zu gestalten.

Ich kenne und schätze die Autorin seit vielen Jahren auch in ihrer Arbeit mit vielen Menschen in Führungsverantwortung und weiss dabei um ihre grosse Kompetenz in diesem Wirken. Ich bin sehr optimistisch dabei, dass ihr Buch hier wirksam beitragen kann zu den Werthaltungen, die sie motivieren zu ihrem Engagement und ihrer ganzen Arbeit. Es geht ihr nämlich auch darum, Führungskräfte darin zu bestärken, aus einer Haltung des Verantwortungsbewusstseins heraus mit aufrichtiger Sinn- und Wertorientierung zu agieren. Dies mit verpflichtendem Blick auf Umweltfragen und das Wohlergehen der Mitarbeiterinnen und Mitarbeiter und einer Kommunikation, die dazu dient, mit ihnen eine auf Nachhaltigkeit ausgerichtete Umgebung mit zu schaffen.

Die klugen Überlegungen, die wir hier in diesem Buch finden, richten sich sicher auch gerade an Menschen in solchen Rollen. Ich erlebe sie aber weit darüber hinaus auch als sehr hilfreich für alle Menschen in unserer Zeit mit ihren vielfältigen Herausforderungen. Und das Buch macht sehr klar, dass jeder Mensch, der sich diesen Herausforderungen konstruktiv stellen will, nicht darum herumkommt, sich im Sinne der Selbstführung mit seinen eigenen inneren Prozessen, seinen Glaubenshaltungen und Wertsystemen tiefgehend auseinanderzusetzen. Auch gute Führungsarbeit, so wird hier erfrischend verdeutlicht, setzt dies quasi verpflichtend voraus.

Auf diese Art wird dieses Buch zu einer wunderbaren Fundgrube für ein lebenslanges Lernen, auch für Lernen von sich selbst. Denn die Autorin zeigt auch ermutigend, dass wir in unserem intuitiven reichen Erfahrungsschatz durchaus schon über all das verfügen, was wir für eine solch konstruktive Haltung und entsprechendes Verhalten brauchen. Dass wir darüber verfügen könnten, reicht aber nicht, es sollte in kraftvolles, konkretes Handeln überführt werden.

Dafür, dass die Autorin genau dies hier sehr ansprechend und motivierend vermittelt, kann ich ihr nur sehr danken und dem Buch den sehr verdienten Erfolg wünschen.

Dr. med. Dipl. rer. pol. Gunther Schmidt
Leiter des Milton-Erickson-Instituts Heidelberg
Ärztlicher Direktor der sysTelios Klinik für psychosomatische Gesundheitsentwicklung Waldmichelbach-Siedelsbrunn

Einleitung

«Be the change you want to see in the world!»
Mahatma Gandhi

Das Leben passiert nicht einfach, sondern es ist ein Ablauf von mehr oder weniger bewussten Entscheidungen, die wir treffen und welche Konsequenzen haben. Auch kleinste Entscheidungen können grosse Auswirkungen haben, und viele kleine Entscheidungen generieren Gewohnheiten, die dann zu weiteren, teilweise automatisierten, wenig überlegten und unbewussten Entscheidungen führen. Wir haben die Wahl! Wir könnten unser Leben bewusst oder mindestens bewusster gestalten, doch da kommen sie: die vielen Einschränkungen und Restriktionen. Können wir das? Dürfen wir das? Müssen wir wirklich? Sollten wir vielleicht? Wir leben nicht in einem Vakuum, sondern werden schon vor unserer Geburt geprägt von den Genen und den Lebensbedingungen, den Werten und Fähigkeiten, dem Verhalten und dem Kontext unserer Eltern. Während der ganzen Kinder- und Jugendzeit werden wir weiter sozialisiert respektive erzogen und zunehmend zu dem (oder der) gemacht, die wir sein sollten. In der Pubertät erobern wir uns einen kleinen Teil unserer Gestaltungsfreiheit zurück, aber längst nicht alles. Es gibt selbstverständlich Gründe, warum wir dies oder jenes wählen oder nicht wählen. Es gibt Umstände, die uns das Leben einfacher oder schwerer machen. Was uns nicht bewusst ist, nennen wir Karma oder Schicksal und nehmen es einfach geduldig an. Wenn wir eine Ursache sehen, dann machen wir diese dafür verantwortlich und dementsprechend auch die Menschen, welche dies bewirkt haben. So werden wir zunehmend zum Opfer unserer Umstände und geben unsere Gestalterfähigkeiten ab, es sei denn, wir ändern dies ganz bewusst, denn es gibt einen besseren Weg: Holen wir uns unsere Kraft zurück, indem wir uns unsere Wahlmöglichkeiten wieder bewusst machen, indem wir das Erlebte und Verursachte ehrlich reflektieren, daraus lernen und die Zukunft so gestalten, wie wir sie erleben möchten. Dies wenigstens in dem bescheidenen Ausmass, in dem unser Einflussbereich dies zulässt, was bei sorgfältiger Betrachtung recht viel ist. Wir können die Welt nicht verändern, aber wir können unseren Mikrokosmos bewusst gestalten und entwickeln. Niemand muss ein Leben leben, das er nicht will. Oder wie Mahatma Gandhi es ausdrückte: «Be the change you want to see in the world!» Dies gilt für alle unsere Lebensbereiche.

Dieses Buch befasst sich mit Fähigkeiten und Aufgaben, die wir vor allem im beruflichen Kontext benötigen. Ein gutes Selbstmanagement ist dabei unabdingbar für das ganze Leben. Sobald wir uns selbst positiv beeinflussen können, was mit circa achtzehn Monaten bereits beginnt, sind wir dazu angehalten, gut für uns selbst zu sorgen, denn gesund und glücklich zu sein, ist die Voraussetzung für ein erfülltes Leben, für Hochleistung, um für andere Menschen da zu sein, ein positives Umfeld zu schaffen und damit unseren ganz kleinen Beitrag zu leisten an eine bessere Welt. Es fängt bei uns selbst an! Wo sonst?

Zu einem erfüllten Leben gehört auch unser Beruf. Das Buch «Ikigai» von Ken Mogi gibt uns viele Hinweise, wie wir einen Beruf wählen können, der uns glücklich macht, in dem wir Erfolg haben können, der uns ernährt und der einen positiven Beitrag leistet an die Gesellschaft. Es ist wichtig, dass wir schon unseren Einstieg bewusst wählen aufgrund unserer Fähigkeiten und Vorlieben, sodass wir erfolgreich sein können und Freude haben an der Arbeit. Lebenslanges Lernen und eine kontinuierliche Entwicklung helfen, dass wir stetig wachsen, neue Chancen erschliessen und Veränderungen suchen und bewältigen, sodass wir am Ende unserer beruflichen Laufbahn auf einen sinnvollen, beglückenden und abwechslungsreichen Lebensweg zurückblicken, der uns und andere in ganz verschiedenen Aspekten reicher gemacht hat.

Wählen wir, andere Menschen und Organisationen zu führen, dann übernehmen wir Verantwortung über unsere eigenen Grenzen hinaus. Wir greifen buchstäblich in die Entwicklung von Menschen, Systemen und Prozessen hinein und verändern diese. Das schafft Wirkungen, deren Ursache wir sind. Mit welchem Recht tun wir das? Führen heisst, bestimmte Vorstellungen zu haben, wie es sein könnte und müsste, und diese Visionen konsequent und umsichtig zu realisieren. In der Regel schaffen wir das nicht allein, sondern brauchen andere Menschen dazu, die bereit sind, uns im Umsetzen unserer Absichten zu unterstützen. Nicht immer ist das freiwillig, oft werden sie uns «unterstellt» oder zugewiesen. So ist es ein grosser Unterschied, ob wir dank unserer Autorität führen, die wir erhalten oder genommen haben, oder ob wir andere durch unsere Überzeugungskraft beeinflussen und gewinnen. Beides ist möglich und anspruchsvoll, doch der Königsweg ist immer, andere für unsere Vorhaben zu gewinnen, ohne auf unsere Befehlskraft zurückzugreifen. Dies ist keinesfalls einfach und braucht ein hohes Mass an Logik, Empathie und Authentizität, denn andere Menschen werden uns nur freiwillig folgen, wenn es für sie Sinn macht, wenn es für sie einen Vorteil bringt, wenn es ihre eigenen Bedürfnisse und Werte anspricht und wenn sie uns vertrauen und uns mögen.

Ganze Organisationen, Institutionen und Länder zu führen, ist noch sehr viel anspruchsvoller, denn damit greifen wir massiv ins Wirtschafts- und Weltgeschehen ein. Auf dieser Ebene haben andere nicht mehr zwangsläufig die Wahl, ob sie mitmachen wollen oder nicht. Sind sie in unserem Einflussbereich, dann können wir Gesetze, Erlasse und Regeln aufstellen, die für alle gelten. Wir führen dann systemisch und sind auf dieser Ebene verantwortlich für die Kultur und Rahmenbedingungen. Das erfordert nicht nur erworbene Fähigkeiten, Talent, Ausbildung und Erfahrung, sondern vor allem auch einen guten Charakter und eine intakte Persönlichkeit. Nur allzu oft werden genau diese Faktoren vernachlässigt. «Macht korrumpiert und absolute Macht korrumpiert absolut», sagte schon Lord Acton, ein britischer Historiker am Ende des 19. Jahrhunderts. Es braucht sehr viel Stärke und Reife, um mit Macht gut umzugehen. Auch im epischen Roman «Lord of the Rings» von Tolkien zeigt sich, wie der Held Frodo nach und nach dem Einfluss der Macht erliegt und nicht mehr seinem höchsten Bewusstsein folgt, sondern persönlichen Begehrlichkeiten nacheifert und Ängsten nachgibt. Sehen wir nicht ganz viele solcher Beispiele in der Gegenwart?

Aus diesen Gründen sollte niemand absolute Macht haben. In Systemen werden Mechanismen geschaffen wie Kontrolle, Machtverteilung und wechselseitige Überwachung. Dies aus gutem Grund. Auch wenn es für Machthabende unangenehm ist und sie einschränkt, hilft es doch, Auswüchse und Fehlentwicklungen zu verhindern. Je mehr wir selbst in Machtpositionen hineinwachsen oder dazu berufen werden, desto intensiver sollten wir selbst nach solchen Mechanismen suchen, Rückmeldungen bewusst einholen, reflektieren und Korrekturen begrüssen. Der Hofnarr aus dem Mittelalter hat nicht ausgedient, er heisst heute Coach oder Mentor. Genau wie damals ist es auch heute nicht obligatorisch, einen Hofnarren anzustellen, aber es hilft für langfristigen Erfolg und eine günstige Persönlichkeitsentwicklung. Geld verhilft zu Macht, und mit Geld kann man fast alles kaufen, auch Unterstützung, Meinungen, Zuwendung und unzählbare Privilegien. Leider hilft das nicht zwangsläufig, den eigenen Charakter weiter auszubilden und Herzenswärme zu entwickeln.

Für oberste Führungskräfte ist es deshalb zentral, unablässig an ihrer Charakterstärke zu arbeiten. Reflexion und Feedback, kritisches Hinterfragen und Dinge in Gremien zu besprechen, freiwilliger Machtverzicht und der Grundsatz, wenn irgend möglich keinen Schaden anzurichten, sind wichtig und helfen. Ohne mutige Begleitung ist es fast unmöglich, die eigenen blinden Flecken zu sehen. Längst haben Kirche und Presse ihre diesbezüglichen Funktionen und Verantwortungen aufgegeben, fallen auf durch eigenes Versagen oder stellen sich unreflektiert auf die Seite der Mächtigen. Demokratien wären eigentlich dafür prädestiniert, ausgewogene Entwicklungen zu fördern, doch auch hier braucht es Charakterstärke, um das, was es wirklich braucht, zu vertreten und nicht um Wählerstimmen zu buhlen.

Nun, auch hier gilt: Es fängt beim einzelnen Menschen an, also bei uns selbst. Wir haben die Wahl und treffen diese einige hundert Mal pro Tag. Wie lange wollen wir noch den Eltern, dem Umfeld, den Lehrpersonen und den Umständen die Schuld geben? Doch auch das ist eine Wahl. «Entweder hast du die Resultate oder die Gründe, doch die Gründe interessieren nicht», war das Credo meines ersten Coaches, Dr. Robert Hargrove. Was zählt, sind nur die Resultate, allerdings auch die unbeabsichtigten, also sogenannte Nebenwirkungen, und die langfristigen Konsequenzen.

Seit über zwanzig Jahren ist es mir ein persönliches Anliegen, Menschen in ihrer beruflichen Situation zu begleiten, damit sie erfolgreich und glücklich sind und dabei gesund bleiben. Als Executive Coach ist es mir vergönnt, für diese Aufgabe, die ich überaus liebe, geholt zu werden. Die häufigsten Themen dabei sind Selbstmanagement, und hier vor allem der positive Umgang mit sich selbst, Grenzen setzen und einhalten können, Disziplin, Resilienz, die Arbeit an der eigenen Persönlichkeit, aber auch der Umgang mit gewollten und aufgezwungenen Veränderungen. Das Zusammenleben mit anderen Menschen erfordert emotionale Intelligenz, Sozialkompetenz, eine zielführende, respektvolle und wertschätzende Kommunikation, die Lösung von Konflikten, Akzeptanz, Toleranz und das Bauen und Erhalten tragfähiger Beziehungen, die auf Geben und Nehmen beruhen. Diese Ebene ist ein unerschöpfliches Betätigungsfeld für Coaches. Das eigentliche Führungscoaching umfasst die Begleitung von Veränderungsprozessen und damit das wirksame Beeinflussen anderer Menschen, sodass sie die gemeinsamen Ziele gerne und kompetent mitgestalten. Das bewusste Gestalten dieser Systeme, Prozesse und Strukturen, das Erarbeiten der gemeinsamen Vision und des abgestimmten Zwecks erfordert komplexe Fähigkeiten und konsequentes Verhalten, eine hohe Intelligenz und Menschlichkeit. Es war mir immer eine grosse Freude und Ehre, als moderner Hofnarr Klientinnen und Klienten in diesen Absichten und Initiativen zu begleiten.

Dieses Buch ist eine Sammlung von Reflexionen zu den verschiedensten Themen, die mit Beruf und Karriere zusammenhängen. Mögen sie Ihnen Inspiration sein auf Ihrem Weg. Es geht nicht zuletzt darum, sich die Wahlmöglichkeiten bewusstzumachen, um das Leben dezidiert in die gewünschte Richtung zu lenken und selbst Verantwortung für die eigenen Entscheide zu übernehmen. Oder wie Nelson Mandela uns aufforderte: «Be the master of your fate and the captain of your soul!» Viele der Texte sind ursprünglich in ähnlicher Form in der Zeitschrift «Ladies Drive» erschienen. Alle haben sie einen Bezug zu meiner Arbeit und zu den Geschichten, die das Leben schrieb, doch ohne jemals die Diskretion zu verletzen, die oberstes Gebot ist für Coaches und alle Vertrauenspersonen.

Teil 1

Selbstführung

Nur wer sich selbst führen kann, kann andere führen. Diese oft zitierte und vielen zugeschriebene Aussage ist, so simpel sie ist, sehr wesentlich, wird in der Praxis aber leider oft nicht berücksichtigt oder ganz ignoriert. Doch Selbstführung ist die Ausgangslage für ein erfülltes Leben, um gesund zu bleiben, glücklich zu sein, seine Wünsche zu verwirklichen und die eigenen Einschränkungen zu akzeptieren. Wir brauchen Selbstführung für unsere tägliche Disziplin und um Mut zu entwickeln. Eine gute Selbstführung zeigt, dass wir verzichten können, dass wir unseren eigenen Werten gerecht werden und dass wir – auch uns selber – verzeihen können, sollten wir unseren eigenen Ansprüchen einmal nicht genügen.

Viele kennen das bekannte «Marshmallow-Experiment» von Walter Mischel aus den 1960er-Jahren: Man testete die Impulskontrolle bei Kindern und fand heraus, dass kleine Kinder, welche sich zurückhalten konnten (Impulskontrolle ist ein wichtiges Element in der Selbstführung), schulisch und später beruflich erfolgreicher waren als Kinder, welche ihren Impulsen nachgegeben hatten.

Selbstführung heisst auch, zu sich zu stehen, sein eigener bester Freund zu sein, sich selber gegenüber – und in der Führung auch den anvertrauten Menschen gegenüber – loyal zu bleiben, eigenbestimmt und unbestechlich zu bleiben und sich nicht manipulieren zu lassen, diszipliniert zu bleiben und seinem eigenen höchsten Bewusstsein zu folgen, auch wenn dies Verzicht bedeutet oder persönliche Nachteile mit sich bringt.

Bei guter Selbstführung schaffen wir es, Grenzen zu setzen, diese zu verteidigen und zu schützen, aber sie auch flexibel zu gestalten im Fall von Wertkonflikten und neuen Einsichten. Menschen mit guter Selbstführung können auch Grenzen besser ausloten und haben ein stabileres Selbstbewusstsein.

Achten wir heute noch genügend auf diese Faktoren in der Auswahl von Führungspersonen oder geht es doch eher um IQ, Ausbildung, Erfahrung und darum, Teil der richtigen Netzwerke zu sein? Die Tugenden, die im Rittertum unabdingbar waren, um in diesen Stand aufgenommen zu werden und sich da Ansehen zu verschaffen, scheinen heute veraltet, haben aber beim näheren Hinschauen nur neue Namen bekommen. Doch erfolgversprechend, vor allem kurzfristig, sind diese Tugenden nicht zwangsläufig im heutigen Geschäftsumfeld. Die Welt wäre jedoch eine viel bessere, wenn wir uns wieder mehr auf diese sogenannt veralteten Tugenden besinnen würden. Langfristig erfolgreich und geschätzt zu bleiben, geht kaum ohne sie, denn sie sind untrennbar mit guter Selbstführung und guten Beziehungen zu unseren Mitmenschen verbunden.

Kann Selbstoptimierung auch Spass machen? Ja, aber ohne Selbst und ohne Optimierung!

Nichts ist gut genug in unserer Welt, es braucht immer noch mehr. Auch bei uns selbst. Deshalb versuchen wir, uns zu optimieren, anzupassen, besser und erfolgreicher und fitter und, und, und zu werden … Macht das glücklich – oder zumindest weniger unglücklich? Wie geht es Ihnen, wenn Sie an Selbstoptimierung denken? Gehen Sie das Projekt aus der Stärke heraus an? Oder allenfalls aus einem gefühlten Mangelbewusstsein von «Ich bin (noch) nicht gut genug»? Was wäre denn, wenn Sie fertig optimiert wären? Wären alle gleich, wenn alle optimiert wären? Wissen Sie, wie Sie dahin kommen? Was wäre, wenn Sie schon optimal wären, es aber nur noch nicht gemerkt hätten?

Um es vorwegzunehmen: Sie sind gut genug, Sie brauchen sich nicht zu optimieren. Es ist jedoch absolut natürlich, sinnvoll und wünschenswert, dass wir wachsen, Neues entdecken und uns entwickeln wollen. Wollen! – nicht müssen. Doch machen Sie das nicht allein, denn selbst die allerbanalsten Neujahrsvorsätze sind binnen Tagen oder Wochen dem Tod geweiht und werden schnell ad acta gelegt. Je anspruchsvoller und komplexer Ihr Wachstumsprojekt, desto besser und wirksamer ist es, wenn Sie sich begleiten lassen. Dies ist die Erfahrung der zahlreichen Menschen, die wir in den letzten Jahren coachen durften im Erreichen anspruchsvoller und manchmal dringend notwendiger Ziele. In den Hunderten von Coachingprogrammen, die wir bis jetzt durchführen durften – und von welchen die allermeisten sehr erfolgreich abgeschlossen werden konnten –, sind uns drei Dinge aufgefallen:

1. Es braucht in den meisten Fällen Input und Unterstützung von aussen, wenn wir uns verändern wollen. Wieso das denn? Weil wir uns sonst längst in die gewünschte Richtung verändert hätten, wenn das alleine ginge. Wir können nun mal nur die Gedanken, Werte und Überzeugungen haben, die wir über Jahre und Jahrzehnte aufbauten, und mit diesen war es bis jetzt ja offensicht-

> «Vergessen Sie das Selbstoptimieren – es gibt einen besseren Weg!»

lich nicht möglich, unser Ziel zu erreichen. Ein guter Coach kann und – falls Sie ihm/ihr Ihre Erlaubnis geben – darf Ihre Gedanken und Prinzipien infrage stellen, sodass die normalen, althergebrachten neuronalen Schlaufen umgangen werden und sich neue bilden. Damit sind dann auch neue Lösungsansätze möglich.

2. Neues auszuprobieren, braucht sehr viel Mut und Vertrauen. Wenn wir dabei begleitet werden, ist es einfacher. Denken Sie nur an eine herausfordernde, gefährliche Bergtour. Auch hier ist es einfacher, sicherer und angenehmer, einen Bergführer oder eine Bergführerin an der Seite zu haben. Ein guter Coach ist wie eine professionelle Begleitung auf einer Bergtour: Er/Sie bleibt auch bei Ihnen, wenn es schwierig wird, wenn Sie Angst bekommen, wenn Sie sich nichts mehr zutrauen oder verzweifeln, und kann Sie durch diese Schwierigkeiten hindurchführen mit Erfahrung, Methodik und Zuversicht. Das erlaubt Ihnen, weiterzugehen statt aufzugeben oder in die alten Muster zurückzufallen. Wenn Sie den Erfolg erst mal gesichert haben, dann entsteht wieder Lust auf Neues und noch mehr. Sie sind gewachsen! Nicht weil Sie sich optimieren wollten, sondern weil Sie Ihre Grenzen erweitert und Neues integriert haben.

3. Immer aus dem Zustand heraus «Ich bin okay und was ist noch möglich?» agieren statt aus dem «Ich bin nicht okay und muss deshalb an mir arbeiten». Der Weg zum Ziel ist zwar genau gleich weit und genau gleich anstrengend, aber die innere Stärke und Freude sind sehr viel mächtiger, und damit sind die Erfolgschancen auch sehr viel höher, wenn Sie positiv motiviert sind. Forschung zeigt, dass die Belastungsgrenze mehr als doppelt so hoch ist, wenn wir wollen, gegenüber dem, wenn wir müssen.

Die wichtigsten drei Grundlagen für ein glückliches und erfülltes Leben (und ist das nicht unser aller oberstes Ziel?) sind Lernen, Lieben und Lachen. Lassen Sie mich diese Binsenwahrheit etwas ausmalen.

Vergessen Sie das Selbstoptimieren – es gibt einen besseren Weg! Es geht gar nicht um uns selbst, sondern darum, das ganze Leben lang zu lernen. Damit meine ich nicht (nur), uns weiterzubilden, das wäre ein Missverständnis, sondern aus allem, das uns begegnet und umtreibt, die Essenz und das Lernen herauszuziehen. So wird Wissen zu Erfahrung und damit zu Weisheit. Der Spruch «Entweder hast du Erfolg oder eine Lernerfahrung» ist zwar etwas zynisch, stimmt aber im Grundsatz. Nur: Wir können auch und sogar noch besser aus dem Erfolg lernen. Auch Erfolge und Misserfolge anderer sind eine wertvolle Quelle, solange wir, ohne zu urteilen, darüber reflektieren. Wenn wir immer im «Lernmodus» bleiben, wachsen wir stetig. Das Leben tischt uns nichts, aber auch gar nichts auf, aus dem wir nicht lernen könnten. Im Lernmodus bleiben wir neugierig und offen. Wir urteilen nicht, wir verhindern nicht, sondern wir «inhalieren», verarbeiten, lernen und wählen. Stellen Sie sich vor, wie sich Ihr Leben verändern würde, wenn Sie auch nur eine Zeit lang jeden Tag in diesem Zustand verharren wollten!

Das zweite Prinzip: Lieben – und das möglichst bedingungslos! Wir alle suchen Liebe und wollen geliebt werden – wenn möglich länger, besser und inniger oder sogar bedingungslos. Liebe ist Verbundenheit, ist Leidenschaft, ist da, wo wir so richtig intensiv leben. Solange wir in der Liebe sind, können wir keine Angst haben. Erinnern Sie sich an Ihre erste oder letzte Verliebtheit? Wie umfassend und verzehrend das war! Wie intensiv Sie sich da selbst gespürt haben! Genau dieses Gefühl könnten Sie eigentlich immer empfinden, wenn Sie dem folgen, was Sie lieben. Was die Liebe allerdings vergiftet, ist, wenn wir besitzen wollen, wenn wir Macht ausüben wollen, wenn wir den Status quo erhalten wollen. Das Leben ist weder Besitz noch Macht noch Status quo, denn diese Dinge sind volatil und vergänglich. Das Leben ist ein sich stetig verändernder und entwickelnder Prozess. Wenn wir die Liebe also mit Prinzip Nummer 1 (dem Lernen) verbinden, dann entsteht etwas wirklich Spannendes: Wir verbinden uns innig und wertschätzend mit dem gegenwärtigen Moment, der aktuellen Aufgabe, den gerade präsenten Menschen, Tieren, Pflanzen und Umgebungen und bleiben gleichzeitig neugierig und offen in der Beobachtung der Veränderungen, ohne festzuhalten oder zu widerstehen. Gleichzeitig sind wir uns unserer Gedanken und Gefühle bewusst, und in diesem Bewusstsein suchen wir den Weg, setzen Grenzen, achten auf uns selbst und entscheiden. Lassen Sie die Liebe Ihnen den Weg zeigen, und lassen Sie das Lernen diesen Weg gut gestalten!

Last but not least: das Lachen! Mit einem gewissen Humor, mit etwas Distanz und indem wir uns selbst nicht zu ernst und nicht zu wichtig nehmen, lässt es sich besser leben. Wir lachen gern, wenn wir glücklich sind, aber Lachen hilft uns auch, glücklich zu sein. Beim Lachen schütten wir Endorphine aus – meistens reicht sogar ein Lächeln. Manchmal hilft uns Humor, die Dinge zu entschärfen oder einfach besser damit umgehen zu können. Manchmal hilft auch die Frage: «Will ich recht haben, oder will ich glücklich sein?»

Geht Selbstheilung? Ja. Und zwar so.

Können wir uns selbst heilen? – Ja! – Sollen wir das? – Unbedingt! Selbstheilung ist der gigantische Placebo-Effekt, den wir uns selbst zufügen können. Was in der Schulmedizin oft belächelt wird, ist jedoch der Beweis dafür, dass die geistigen Kräfte der Intention, der Überzeugung und des Glaubens heilen. Selbst in der klassischen Medizin heisst es, dass die Heilung drei Kompetenzen zugeordnet werden kann: dem/der Ärzt*in, dem Medikament und dem/der Patient*in selbst. Das gilt selbstverständlich auch für mentale und emotionale Krankheiten respektive für Stimmungen und Befindlichkeiten. Ultimativ sogar dafür, wie wir unser Leben gestalten.

Fokussieren wir uns doch hier einmal auf den psychologischen Bereich. Es kann uns nicht immer gut gehen, denn das Leben und wir selbst sorgen dafür, dass wir regelmässig mit Unwägbarkeiten, Rückschlägen, Krankheiten, Verlusten, Enttäuschungen und Hindernissen konfrontiert werden. Wenn wir sie überwinden, können wir daran wachsen. Doch manchmal wird es zu viel, und wir kommen aus dem Tritt, möchten aufgeben, werden krank oder depressiv oder chronisch wütend. Es gibt eigentlich auch keine psychosomatischen Krankheiten, denn der Körper (soma) und die Psyche sind so eng miteinander verwoben, dass uns psychische Belastungen ganz schnell körperlich krank machen und uns körperliche Krankheiten psychisch schwächen. Selbstheilung ist anspruchs- und zugleich wirkungsvoll. Natürlich nützt es, von aussen Unterstützung, Begleitung und Hilfe zu bekommen. Wir sollten diese auch suchen, aber nicht nur. Unter vielen anderen hat Dr. Bruce Lipton in seinem Buch «The Biology of Belief» anhand vieler erforschter Beispiele bewiesen, dass unsere eigenen Glaubenssätze und Überzeugungen im Körper massive Veränderungen bewirken. Lynne McTaggart hat mit ihren «Power of Eight»-Zirkeln, reinen Intentionsgruppen, in vielen Fällen sogenannte «Wunder» bewirkt. Dabei möchte ich anfügen, dass Wunder ja nichts anderes sind als Wirkungen, die wir uns nicht erklären können, dies vor allem auch deshalb nicht, weil wir die Kraft der Selbstheilung ausser Acht lassen. In meinem Buch «Vom Abendrot zum Morgenlicht – der kürzeste Weg aus der Krise», welches auf Schuberts «Winterreise» basiert, ist der Weg aus der Krise anhand der zweimal zwölf Gedichte von Wilhelm Müller beschrieben. Selbstheilung kann sehr schnell passieren, aber sie kann auch etwas länger dauern, was uns dann leider an der Wirkung zweifeln lässt. Da kann es schon hilfreich sein, Impulse und Begleitung von aussen zu bekommen und einzubeziehen, denn Selbstheilung heisst ja nicht zwangsläufig, dass wir das ganz allein tun, sondern nur, dass wir eigenverantwortlich bleiben.

Der schnellste Weg der Selbstheilung bei Krankheit und Krise geht über das Herz. Wenn wir es schaffen, zu vergeben und das, was passiert ist, in Liebe anzunehmen, ist die Ordnung wieder hergestellt. Ohne Wut und Groll, ohne Schuldzuweisung und Rechtfertigung gehen wir achtsam und liebevoll mit uns selbst und unserem Umfeld um, suchen nach Lösungen und neuen Möglichkeiten und fokussieren uns auf das, was wir schaffen möchten. Mental und emotional fühlt sich das zwar gut an, ist aber nicht immer so leicht möglich, denn Verzeihen ist eine Königsdisziplin. Zu oft bleiben wir im Hadern stecken, was zwar verständlich, aber nicht klug ist.

Wir haben deshalb einen zweitschnellsten Weg: den über den Kopf. Wir analysieren, erörtern und erforschen, wie es zum Unglück kam – wer, was, wie, wann und warum verursacht und beigetragen hat – und setzen daraus ein intellektuelles Konstrukt zusammen, das wir verstehen können. Wir erkennen so die Gründe und Hintergründe und können damit irgendwie Frieden schliessen. Auch das ist durchaus eine Form der Selbstheilung. Nicht ganz so effizient, aber immer noch sehr wirksam.

Wenn das auch nicht geht, dann bleibt uns nichts anderes übrig, als in der Wut oder – wenn dann gar keine Energie mehr vorhanden ist – in der Depression zu bleiben und den Schmerz endlos wiederzukäuen, bis es uns selbst langweilig wird und wir das Unglücklichsein aufgeben. Auch so können wir uns dann selbst heilen.

Wann macht es Sinn, die Selbstheilungskräfte einzusetzen? Immer! Die Selbstheilungskräfte zu aktivieren, ist ein bewusster Entscheid. Der Weg dazu ist gar nicht so schwierig, wenn wir uns entschlossen haben, in diese Richtung zu gehen, und konsequent dranbleiben. Seien Sie Realist*in! Glauben Sie an Wunder, denn wenn es diese nicht gäbe, dann hätten wir auch keine Vorstellung davon.

Hier eine kurze Übersicht, wie Sie Ihre Selbstheilung aktivieren können:

1. Stellen Sie sich den gewünschten Zustand vor. Aktivieren Sie diesen mit allen fünf Sinnen: Was werden Sie sehen, hören, riechen, schmecken, fühlen, ertasten, wenn dieser Zustand vollumfänglich erreicht ist? Schaffen Sie ein «Kraftbild» dieses Zustands, und vergegenwärtigen Sie sich dieses mehrmals täglich respektive so oft wie möglich. Dies ist eine neuronale Programmierung, welche ihre Auswirkungen in Körper und Psyche entfaltet und Ihre Körperchemie unmittelbar beeinflusst.

2. Seien Sie davon überzeugt, dass dieser Zustand möglich ist für Sie. Glauben Sie von ganzem Herzen daran! Das ist

nicht ganz einfach, denn da kommen unter Umständen immer wieder Zweifel auf. Hier brauchen Sie etwas Disziplin, um diese nicht zuzulassen. Vertrauen Sie vollständig darauf, dass Sie diesen Zustand erreichen können.

3. Suchen Sie alle Elemente zusammen, welche diesen Zustand begünstigen. Bauen Sie eine Strategie, wie Sie die hilfreichen Elemente finden, in Ihr Leben einbringen und verstärken können. In diesem Schritt gilt es auch, alle Hilfe zu holen, die Sie brauchen, und die Veränderungen herbeizuführen, die den Prozess unterstützen.

4. Führen Sie Tagebuch über die Verbesserungen und Erfolge. Achten Sie auf diese, denn dann werden Sie feststellen, dass es mehr werden, weil wir das wahrnehmen, worauf wir unser Augenmerk richten.

5. Verhalten Sie sich wenn immer möglich so, als wäre der gewünschte Zustand schon real. Das sind starke Signale an Sie selbst, Ihr Umfeld und ans Universum, welche das Erreichen des gewünschten Zustands massiv unterstützen.

6. Seien Sie sich bewusst, dass das Universum noch ganz andere Möglichkeiten hat, den gewünschten Zustand herzustellen. Überlassen Sie es deshalb dem Universum, wie es das bewerkstelligen will, und fokussieren Sie sich nicht auf das Wie, sondern auf das Endresultat, den gewünschten Zustand.

7. Akzeptieren Sie Überraschungen! Dinge geschehen oft nicht so, wie wir uns das vorstellen (siehe Punkt 6).

8. Bleiben Sie dran, bis der gewünschte Zustand erreicht ist. Genau wie Sie ein Leben lang gebraucht haben, zu dem Menschen zu werden, der Sie heute sind, können Sie auch nicht erwarten, dass mit einer einzigen Intention der gewünschte Zustand eintritt. Das kann zwar passieren, ist aber weder üblich noch normal. Meistens braucht es Zeit und Durchhaltevermögen.

9. Seien Sie dankbar für alles, was Ihnen Positives widerfährt. Für Fortgeschrittene: Seien Sie auch dankbar für das Negative, das Ihnen in den Schoss fällt, denn wir wissen ja eh nie, wofür das gut ist.

Ein kleiner Tipp am Rande: In den Retreats der Urban Gurus (einem Unternehmen, das sich mit bewusstem Führen beschäftigte und welches ich 2017 mit meinem Geschäftspartner Christian Haas gründete) ging es genau darum, das Leben bewusst und als Leader*in zu gestalten. Denn wenn wir aus dem höchsten Bewusstsein heraus achtsam und kontinuierlich das schaffen, was wir möchten, dann ist das in gewissem Sinne proaktive Selbstheilung, die uns langfristig zu Gesundheit, Zufriedenheit und Erfolg verhilft und uns krisenresistenter macht. Das heisst nicht, dass uns nichts Schlechtes widerfährt, hilft aber, solches zu utilisieren, auf Kurs zu bleiben und unser Ziel nicht aus den Augen zu verlieren.

Das Tüpfelchen auf dem i fehlt! Na und?

Höchstleistung – der perfekte Körper – Extrameilen gehen – Six Sigma – nur das Beste ist gut genug … Überall lauern sie, die Einladungen zur Perfektion! Das Versprechen ist verführerisch, der Preis hoch, die Wirkung fatal. Stress, mangelndes Selbstwertgefühl und permanente Unzufriedenheit, Unsicherheit und Angst sind direkte Resultate dieses Strebens nach dem Unerreichbaren, Seltenen und Unmöglichen. Deshalb möchte ich Sie fragen: Ist Perfektion wirklich so erstrebenswert?

Grösser, höher, besser ist in den letzten Jahren oder Jahrzehnten zum Diktat geworden. Dazu werden Dauervergleiche angestellt, «Performance Reviews» durchgeführt und nur der positive, marginale Unterschied zu vorher wird auch positiv bewertet. So wurde und wird alles optimiert und verbessert. Das «Wachsen» ist die Schlüsselkompetenz Nummer eins geworden. Doch wie alle kraftvollen Interventionen verursacht auch dies ungeplante und unerwünschte Nebenwirkungen. Macht uns diese stetige Optimierung glücklicher, leistungsfähiger und zufriedener? Der permanente Vergleich mit anderen kann zur Selbstabwertung führen, denn es gibt in jedem Bereich immer Bessere. Perfektion ist extrem selten, auch in der Natur. So wird sie denn halt künstlich erzeugt – Photoshop lässt grüssen. Die Natur ist nicht perfekt, sondern extrem vielfältig. Genau das macht sie so reizvoll und überlebensfähig. Wären wir alle perfekt, dann könnten wir uns gar nicht mehr abheben, wir würden unsere Einzigartigkeit verlieren. Das Imperfekte kann durch seine Seltenheit an Reiz gewinnen, denken Sie nur an ein vierblättriges Kleeblatt oder Albino-Tiere, beides eigentlich Defekte der Natur. Leonard Cohen hat ein wunderschönes Lied geschrieben, dessen Refrain so lautet:

«Ring the bells that still can ring
Forget your perfect offering
There is a crack in everything
That's how the light gets in.»

Gerade durch das Imperfekte entsteht – ebenso unbeabsichtigt – ganz viel Gutes und Schönes. Oft können wir das erst im Nachhinein sehen. Oder ist es Ihnen auch schon passiert, dass ein vermeintliches Desaster zu positiven Entwicklungen geführt hat? In der Natur ist das Imperfekte, das Unvollkommene der Normalfall, deshalb ist das Perfekte so auffällig. Doch das Zitat von Oscar Wilde, «Beauty lies in the eye of the beholder» (Schönheit liegt im Auge des Betrachters), gilt auch für Perfektion, denn auch das Vollkommene ist nicht definiert, sondern folgt unserer Empfindung. Vollkommen ist, was viele als vollkommen wahrnehmen, und das ist ganz arg von kulturellen Unterschieden, Modeströmungen und Werthaltungen abhängig. Unsere Schönheits- und anderen Ideale gelten nicht für alle. Wozu also einer hypothetischen, persönlich und kulturell gefärbten Perfektion nachstreben, wenn wir doch wissen, dass niemand perfekt ist, und streng genommen nicht einmal wissen, was perfekt ist? Theoretisch ginge das, indem wir das Beste von allen Wesen kombinieren unter Eliminierung alles Unvollkommenen, aber eben nur theoretisch; das Leben ist Praxis.

Das Streben nach Perfektion kann auch lähmen. Perfektion ist einer der grossen Verhinderer von Resultaten, so frei nach dem Motto: Ich bin nicht gut genug, oder ich habe gar keine zündenden Ideen, oder andere spielen besser als ich etc. Kennen Sie diese Gedanken? Anfangen ist immer besser als warten auf das Perfekte. So hat Sheryl Sandberg gesagt: «Done is better than perfect!», um ihre Mitarbeitenden zu ermutigen, Dinge abzuliefern, auch wenn sie durchaus noch entwicklungsfähig waren. Wo Perfektion ist, da ist auch kein Potenzial mehr … Auch kein guter Ausblick, denn gerade in der Entwicklung ist der Weg das Ziel: Wir sollten immer dranbleiben und uns überraschen lassen von dem, was noch möglich ist.

«Wie können wir dem Perfektionswahn entgegentreten?»

Stehen wir also zu unserer Unvollkommenheit und geniessen wir sie! – Nein, liebe Leserinnen und Leser, damit meine ich nicht Schludrigkeit und Schlampigkeit. Es geht mir vielmehr darum, dass wir uns selbst, andere und Dinge so akzeptieren, wie wir und sie sind. Mit all den kleinen Imperfektionen, mit welchen wir eh leben müssen, wenn wir uns nicht regelmässig operieren und verändern lassen wollen, bis wir genormte, charakterlose, unauffällige Einheitsmenschen sind: perfekt zwar, aber vergleichbar mit hochweissen, lupenreinen, perfekt geschliffenen einkarätigen Diamanten. Austauschbar, angepasst und einwandfrei funktionierend. Vielleicht ist das zu einem grossen Teil schon passiert. Das würde erklären, warum wir uns so stark um Diversität bemühen.

Wie können wir dem Perfektionswahn entgegentreten? Ein guter Anfang wäre Selbstakzeptanz, das heisst, dass wir endlich lernen, nicht anders sein zu wollen, als wir sind. Uns selbst in allen Aspekten, den schönen und den sogenannt hässlichen, zu mögen. Der nächste Schritt wäre dann, das anzusteuern, was wir erreichen und verwirklichen wollen, und zwar nicht im Vergleich zu anderen, sondern ganz selbstbestimmt, dem eigenen Herzen, den eigenen Überlegungen und der eigenen Intuition folgend. So gestalten wir unser Leben in seiner Einzigartigkeit, unseren Vorstellungen, Bedürfnissen und Wünschen entsprechend, und so erreichen wir auch das Gefühl von Kraft und Erfüllung. Mit Sicherheit werden wir damit mehr Spass haben, mehr Sinn empfinden und genau die Beiträge leisten, welche nur wir selbst leisten können, weil wir eben einzigartig, speziell und nicht perfekt sind.

Mach schnell, aber langsam!

Spätestens seit dem Erscheinen des Bestsellers «Thinking, Fast and Slow» von Nobelpreisträger und Autor Daniel Kahneman ist nichts mehr wie vorher. Allen Ernstes wirbt Kahneman für langsames Denken. Nun ja, Slow Food gab es ja auch schon, und auch Slow Sex ist nicht zu verachten, aber ehrlich – mit Dynamik, Energie und High-Performance bringen wir langsames Denken nun nicht gerade in Verbindung. In einer Zeit, in der sich alles immer schneller dreht, in der Zeit Geld sein soll, in der sämtliche Ausfallzeiten reduziert und die Produktivität gesteigert wird, «langsam» zu propagieren, das braucht schon Mut – oder vielleicht doch nicht? Sind wir langsam müde geworden vom Rennen im Hamsterrad? Zeigen sich die negativen Auswirkungen von Highspeed nur allzu stark? Brauchen wir eine Auszeit vom Leben im Dampfkochtopf?

Wie auch immer, das Pendel schlägt genauso zurück wie das Imperium im «Krieg der Sterne», und plötzlich entdecken wir die Schönheit und den Wert der Langsamkeit wieder, denn der Schnelligkeit wohnt auch immer eine gewisse Oberflächlichkeit inne, es sei denn, dass das Tempo über Monate und Jahre langsam und sorgfältig aufgebaut wurde. Wenn Virtuosen schwerste Musikstücke in hohem Tempo spielen, dann haben sie das lange, sehr lange und mit sehr viel Geduld geübt. Wenn Sprinter Weltrekorde aufstellen, dann haben sie fast das ganze Leben lang mit intensiver Achtsamkeit auf Details trainiert. Wenn wir «normalen» Menschen Dinge schnell machen, dann leider oft auch etwas – verzeihen Sie die Unterstellung – schludrig. Je schneller, desto mehr Fehler. Je schneller, desto oberflächlicher, je schneller, desto niedriger die Qualität, je schneller, desto weniger der Tiefgang; und dann auch noch Multitasking, um ja keine Zeit zu verlieren.

Es gibt Dinge, die gehen einfach nicht schneller. Oder haben Sie schon mal versucht, schneller zu schlafen? Schneller zu warten oder schneller zu wachsen? Oder schneller ein Kind auszutragen? Viel Glück beim Versuchen! Das Unwillkürliche braucht seine Zeit und fordert seine Zeit auch ein. Das macht uns ungeduldig, denn Warten ist nicht gerade eine Kernkompetenz des modernen Menschen. Wir können zwar schneller essen, aber verdauen können wir nicht schneller. Wir können schneller arbeiten, aber schneller verarbeiten können wir nur sehr beschränkt. So hat uns das Tempo in den letzten Jahren auch einen Teil Lebensqualität, Gesundheit und Glück gekostet. Wir haben mehr Erlebnisse in unser Leben gepackt mit dem Effekt, dass wir das Leben weniger geniessen. So sind Begriffe wie Freizeitstress aufgekommen, wo Freizeit doch der Entspannung dienen sollte. Wir wollen unseren Kindern alles bieten und haben erreicht, dass sie überfordert sind.

Sind wir schnell, dann sind wir es meistens im Kopf. Gedanken sind schnell – Gefühle sind langsam. Wenn wir unser Bewusstsein auf den Körper richten und wahrnehmen, wie wir uns fühlen, dann braucht es eine gewisse Zeit, bis sich die Körperzustände offenbaren. Wo im Körper sind Sie glücklich? Wo sind Sie traurig? Verändern sich diese Zustände, wenn Sie sie wahrnehmen? Sie werden wunderbare Erlebnisse haben, wenn Sie sich darauf einlassen! Erst in der Langsamkeit erleben und geniessen wir! Sinnlichkeit bedingt Langsamkeit und hohe Aufmerksamkeit. Erst im Erleben sammeln wir Erfahrung, die wertvoller ist, als einfach gelernt zu haben. Erst im erlebten Wissen finden wir zu Weisheit.

Selbstverständlich wird auch in Zukunft der grösste Teil Ihres Lebens im Zapp-Modus stattfinden. Dem können wir uns nicht mehr entziehen, denn das ganz normale Leben mit all seinen vielen Anforderungen und den kontinuierlichen Ablenkungseinladungen hat schon auch seinen Reiz an Intensität. Doch wann haben Sie das letzte Mal die Ruhe gesucht? Ich meine jetzt nicht die zwei Minuten auf dem Klo oder wenn Sie vor lauter Müdigkeit ins Bett «crashen», sondern die Stille. Den Zustand, in dem Sie innerlich so ruhig waren, dass die Stimme der Stille zu Ihnen sprach – in dem Ihr inneres Wesen zu Wort kam.

«In der Ruhe liegt die Kraft.»
Lao-Tse

Wann haben Sie das letzte Mal absolute Stille erlebt? Eine Zeit, in der Sie nichts wollten, in der Sie nichts mussten, in der Sie nur einfach da waren, im Reinen mit sich selbst und mit dem grossen Nichts. Lautlos. Bewegungslos. Lao-Tse, der berühmte chinesische Philosoph, der im sechsten Jahrhundert vor Christus lebte, wusste um die Langsamkeit und die Genügsamkeit. Eines seiner berühmten Zitate lautet: «In der Ruhe liegt die Kraft.» Ruhe lässt sich nicht mit Tempo vereinbaren. Ruhe ist Geschwindigkeit auf den Nullpunkt gebracht. Langsamkeit heisst tiefes, bewusstes Wahrnehmen. Je mehr wir verlangsamen, desto mehr kommen wir der Ruhe und damit der Stille näher. Haben Sie schon einmal ein Bild ganz lange und intensiv betrachtet? Haben Sie gemerkt, wie langsam Dreidimensionalität in das Bild hineinkommt? Oder hatten Sie den Eindruck, dass das Bild transparent wird und beginnt, sich zu bewegen? Auch die Musik von Erik Satie, Arvo Pärt oder Ludovico Einaudi eignet sich, die Langsamkeit und die Einzigartigkeit einzelner Klänge zu entdecken. Dem Minimalismus wohnt ein grosser Reichtum und eine Vielfalt inne, die wir erst dadurch wahrnehmen können, dass die einzelnen Dinge als Solitäre ins Nichts gestellt werden. Grundsätzlich gilt, je langsamer, desto weniger braucht es, weil wir intensiver wahrnehmen. Plötzlich erschliessen sich verborgene Details unserem Bewusstsein. Kleine Nuancen, die wir übersehen im schnellen Hinschauen oder abgelenkten Hinhören. Wir nehmen Dinge wahr, welche sich der Oberflächlichkeit entziehen.

Wie ist es denn mit Menschen? Können wir anderen gerecht werden, ohne dass wir Zeit für sie investieren und uns für sie interessieren? Ist es nicht auch hier die Langsamkeit gekoppelt mit Respekt, welche gemeinsam verbrachte Zeit intensiv macht und hilft, Vertrauen aufzubauen, um so im Gespräch wechselseitig auf tiefere Schichten zu stossen? Wie oft fragen wir einfach so: «Wie geht es dir?», ohne dass wir das so genau wissen wollen. Und wie oft kommt die genauso banale Antwort «Danke, gut, und dir?» zurück? Auch der andere will es nicht wirklich wissen, und so bleibt die Antwort aus, und wir gehen zum Tagesthema über. Genau das macht einsam. Wie bei der Musik und der darstellenden Kunst zeigt sich das Wirkliche erst beim genauen Hinhören und Hinsehen. Langsam heisst intensiv, sorgfältig, aufmerksam, auf viele Nuancen achtend, mit einem tiefen Interesse und dem Einsatz aller fünf Sinne. So machen wir aus ganz wenigem ganz viel.

Genau das hat uns Kahneman auch mit dem Denken gezeigt. Es geht nicht um schnelles oder langsames Denken. Es geht darum, beides wertzuschätzen, zu entwickeln und zu leben. Langsames Denken ist die Analyse. Erst wenn wir uns ganz intensiv mit etwas auseinandersetzen und uns bemühen, dieses Thema in jeder Facette zu verstehen, werden wir den Kern der Sache, das Wesen und dessen Eigenschaften wirklich vollumfänglich erfassen. Die Intuition ist für Momente, in denen wir schnell agieren müssen oder wollen, in denen Geduld, Zeit oder Interesse fehlen. In den letzten Jahren haben uns Geduld, Zeit und Interesse leider oft gefehlt, und so haben wir die Schätze, welche die Langsamkeit birgt, etwas aus den Augen verloren. Es wäre schön, wenn wir sie wieder ausgraben wollten. Unsere Lebensqualität und unsere innere Verbundenheit mit anderen Menschen, mit der Natur, mit der Welt und mit uns selbst würde unendlich viel inniger, besser und damit erfüllender werden.

So geht der kürzeste Weg aus der Krise

Ja, wie sind Sie denn da hineingeraten?! Freiwillig lassen wir uns doch nicht auf Krisen ein (ausser ein paar Masochisten, die das brauchen). Selbst wenn gescheiterte Manager und abgehalfterte Berater uns mit ihren banalen Selbsthilfebüchern weismachen wollen, dass wir Kraft schöpfen aus dem Versagen, dass wir wachsen können im Scheitern und dass wir wie Phönixe geläutert aus der Asche steigen nach dem Totalcrash … Krisen kann man natürlich auch regelrecht zelebrieren: Die Zeit der Romantik war eine einzige Krise, und Melancholie war das vorherrschende Gefühl. Vergessen Sie's! Krisen sind weder gesund noch sinnvoll noch stärkend – also schnellstmöglich raus aus der Krise. «Tja, wenn das so einfach wäre», entgegnen Sie nun … «Wie denn?», möchten Sie wissen …

Krisen entstehen dann, wenn wir mit Inbrunst unrealistische Ziele verfolgen, wenn wir partout nicht loslassen wollen oder wenn uns durch ein schmerzhaftes Ereignis der Teppich unter den Füssen weggezogen wird. Wenn wir Dinge nicht sehen wollen oder an Dingen festhalten, die längst überholt sind. Krisen sind nicht neu, und die Möglichkeiten, in sie hineinzuschlittern, sind mannigfaltig. Hiob, der Weltmeister im Leiden, kannte sie. Kleopatra litt an ihnen. Van Gogh starb durch sie. Wilhelm Müller, der Verfasser der Lieder der «Winterreise» (berühmter Liederzyklus von Franz Schubert), verstand sie und entwickelte prompt einen sehr nützlichen Leitfaden, wie man aus ihnen herausfindet.

So sind denn die vierundzwanzig Gedichte der «Winterreise» wie eine Landkarte, anhand derer man sich zurechtfinden kann im Sumpf der traurigen, hadernden und wütenden Emotionen. Eigentlich sind es zwölf Stufen des Prozesses, der notwendig ist, um Krisen zu überwinden: Die ersten zwölf Lieder beziehen sich auf Krisen, welche einen klaren Ursprung haben: Trennungen, Verluste oder Unfälle. Die zweiten zwölf Lieder zeigen uns, wie wir aus den tiefen Lebenskrisen herausfinden, welche keinen eigentlichen Ursprung haben: Unzufriedenheit, Depressionen, innere Traurigkeit und gefühltes Fremdsein. Wie lange wir in der Krise verbleiben, hängt davon ab, wie lange wir an den einzelnen Stufen der Misere festhalten.

Die gute Nachricht: Es gibt Abkürzungen! Die schlechte Nachricht: Sie passieren nicht von selbst, wir müssen etwas dafür tun. Bevor wir eine «Winterreise» starten, heisst es also, einen bewussten Entscheid zu fällen, den belastenden Zustand endgültig zu verlassen. Haben wir uns erst einmal dazu durchgerungen, steht uns ein langer Weg bevor. Hier ist er:

1. Entschlossenheit und Trotz

Jeder Trauerprozess beginnt mit dem mehr oder weniger freiwilligen Entschluss, die gegenwärtige Situation nicht länger ertragen zu wollen oder zu können.

2. Projektion und Zynismus

Nach der entschlossenen Abwendung haben Wut und Ärger erst richtig Platz, sich auszubreiten. Wir bewahren unseren Stolz und unser Selbstwertgefühl, indem wir das positive Selbstbild erhalten und die Schuld den anderen oder äusseren Einflüssen und Umständen zuschieben. Dieser Schritt birgt die Gefahr der Stagnation bis hin zum Abbruch der Winterreise. Gewisse Menschen kommen nie über diesen Schritt hinaus und beenden jede Winterreise an dieser Station. Damit kann auch nie eine Lernerfahrung gewonnen werden, was jeden Fortschritt verunmöglicht.

3. Die Schmelze

Mit etwas Einsicht hat sich der Ärger ab einem bestimmten Zeitpunkt ausgelebt und abgenützt, und nun kommen die dahinterliegenden Gefühle zum Vorschein: Angst und Trauer.

4. Festhalten an schmerzvollen Erinnerungen

Diese Phase ist eine der schmerzhaftesten im ganzen Prozess! Indem uns das ganze Ausmass des Verlustes bewusst wird, indem wir die Konsequenzen erfassen, die der Verlust oder das Versagen haben und noch haben werden, erkennen wir auch, dass das Loslassen den Tod des Vergangenen bedeutet. Wir sind also mit zwei Gefühlen konfrontiert: dem unerträglichen Schmerz und/oder der Erstarrung – der Gefühlskälte. Auch dieser Schritt birgt die Gefahr von Stagnation: der ewigen Trauer.

5. Die Heilkräfte der Natur

Ob unerträglicher Schmerz oder Gefühlskälte – am hilfreichsten für die Verarbeitung von Schmerz und Trauer sind Kunst und Natur. Der Aufenthalt in den Bergen, im Wald oder auf dem Wasser bringt uns in Balance, verschafft Ruhe und gibt uns Kraft, wie auch schöne Musik, Kunst oder Literatur. Der fünfte Schritt ist auch der erste Heilungsschritt, in welchem wir uns nicht mehr tiefer in die Trauer hineinbegeben, sondern anfangen, diese zu bewältigen oder liebevoll anzunehmen. Das wäre auch die erste Abkürzung aus der Krise, sozusagen «der Herzweg», indem wir verzeihen und loslassen. Das begreifen wir aber oft nicht so leicht und bleiben lieber in der Krise, als zu vergeben und zu vergessen.

6. Resonanz und Versuchung

Hier zeigt sich, ob die Loslösung schon vollzogen ist. Die Gefühle, die in dieser Phase vorherrschen, sind (oftmals unberechtigte) Hoffnung, naive Heiterkeit, Freude (allenfalls durch Illusion). In diesem Zwischenhoch könnte es uns sogar einfallen, in die alte Situation zurückkehren zu wollen.

7. Rückfall und Einsicht

Wurde der Versuchung im sechsten Schritt stattgegeben und es gab doch keine neue Chance, dann finden wir uns in einer verschärften, aber bewussteren Variante des vierten Schrittes wieder. Der grosse Schmerz wird noch einmal durchlebt.

8. Selbstbeherrschung und Konsequenz

Die Erfahrungen aus dem sechsten und siebten Schritt werden in den achten Schritt integriert. Der Versuchung des sechsten Schrittes, in das Alte zurückzukehren (die hier als Prüfung nochmals auftaucht), kann widerstanden werden, weil die Illusion, das Trügerische erkannt wurde. Nur durch konsequentes Vorwärtsschauen können wir die Versuchung überwinden.

9. Wehmut und Ehrlichkeit

Da ein grosser Teil der Heilung schon geschehen ist, haben wir nun mehr Kraft, uns den Schmerz über die nun geschlossene Türe oder die nun endgültig versiegten Möglichkeiten einzugestehen, und können zugleich das Vergangene mit allen schönen und hässlichen Aspekten ehrlicher annehmen.

10. Aus Erfahrungen Weisheit schöpfen

Der zehnte Schritt ist eine Art geistige «Erntezeit». Viele Prozesse der Schmerzverarbeitung sind weitgehend abgeschlossen. Geläutert durch die neun vorherigen Schritte ziehen wir Bilanz, beurteilen das Gelernte und arbeiten die Erkenntnisse heraus, die uns als neue Weisheit in der Zukunft Potenzial erschliessen. Hier haben wir den zweiten «Shortcut» aus der Winterreise, den sogenannten «Kopfweg»: Durch das Verstehen und Erkennen können wir die Krise verabschieden.

11. Wunsch und Vision

Wurden weder der Herzweg noch der Kopfweg gewählt, um die Krise zu beenden, dann kann es in dieser Phase zu schweren Depressionen kommen. Das lange Leiden hat uns alle Energie gekostet und nichts gebracht! Am Ende eines Schmerzverarbeitungsprozesses finden wir logischerweise verarbeiteten Schmerz und nicht neues Glück. Eine tragfähige, neue Vision entsteht erst nach dem endgültigen Loslassen des Alten. Ist dies noch nicht vollzogen, dann ist die Depression die leidige unabdingbare Folge.

12. Trennung und Tod

Das Ende der Trauerverarbeitung ist die Auflösung der Identifikation mit dem Schmerz. Solange wir mit dem Leiden identifiziert sind, kann der Schmerz ohne unseren eigenen Tod nicht sterben. Erst nach der Trennung vom Schmerz gelingt es uns, das Leiden, die nicht erfüllten Hoffnungen und Enttäuschungen endgültig loszulassen und zu begraben. Damit finden wir Ruhe und inneren Frieden.

So einfach könnte es gehen! Und schwupps sind Sie raus aus der Krise und können neue Pläne schmieden und neue Erlebnisse anpacken. Manchmal tragen wir ziemlich beeindruckende seelische Narben davon, manchmal brauchen wir noch etwas emotionale Reha, doch was zählt, ist, dass wir wieder bereit sind für das Leben, für neue Erfahrungen und vielversprechende Chancen.

Also dann: Bis zum nächsten Mal auf der Winterreise, denn das Leben ist ein ewiger Kreislauf von Anfang, Blütezeit, Welken und Vergehen. Am besten, wir gewöhnen uns daran, anstatt immer wieder zu leiden.

Was heisst denn hier schon gesund?

Die Absenz von Krankheit ist noch lange nicht Gesundheit und schon gar nicht ganzheitlich!

Gesundheit ist ein Begriff der Medizin, welcher vorwiegend den Körper – den physischen Körper – beschreibt. Obwohl gerade in letzter Zeit die psychischen Krankheiten erschreckend zugenommen haben, werden diese noch weit weniger differenziert betrachtet und – wenn überhaupt – nach wie vor sehr rudimentär oder gar nicht behandelt. Während wir uns für physische Krankheiten bemitleiden lassen dürfen, meinen wir, uns für die psychischen Defizite schämen zu müssen, denn psychische Krankheiten sind noch weitgehend tabu. Ganzheitlich, umfassend gesund zu sein würde bedeuten, dass wir körperlich energiegeladen, unversehrt und fit, emotional ausgeglichen, glücklich und zufrieden, geistig auf der Höhe, schnell, akkurat und agil und spirituell stark, verbunden und resilient sind. Auch wenn das alles nicht ganz einfach ist, lohnt es sich doch, wenn wir uns konsequent in diese Richtung bewegen, wollen wir ganzheitlich gesund werden oder bleiben.

Leider hilft uns das Leben in aller Regel nicht, so rundum gesund und glücklich zu bleiben. Schauen wir alte Menschen an, dann sind die Spuren des Lebens sichtbar. Das Leben prägt, hilft, schadet, fordert und verbraucht. Auch alte Tiere, Pflanzen und sogar Steinformationen weisen Narben auf, sehen mitgenommen aus und tragen die Zeichen von Durchhalten, Widerstehen, Ertragen, Erdulden und Kämpfen. So lösen wir unsere Probleme nicht, um keine mehr zu haben, sondern um grössere angehen und lösen zu können. Wir wachsen und wir lernen. Wir entwickeln Strategien, die uns stärker, intelligenter, kompetenter und widerstandsfähiger machen, und all dies nicht im windgeschützten, sterilen Raum, sondern draussen im Leben. Nur da, wo wir an unsere Grenzen stossen, können wir diese ausweiten. Manchmal verschätzen wir uns, oft passiert Unvorhergesehenes, ab und zu stürzen wir ab. Doch das Leben geht immer weiter – wir rappeln uns auf, schütteln uns und gehen weiter – ja, mit Schrammen und Narben, und zwar physischen, emotionalen und geistigen, bis die Seele eines Tages weiss, dass ihre Zeit gekommen ist und sie diesen verbrauchten, veralteten und kaputten Körper und Geist hinter sich lassen darf. Was dann ist, können wir nur vermuten.

Das bringt uns zu einem ganz wesentlichen Punkt: Wofür sind wir hier, wofür kämpfen und leiden wir? Wofür und wozu entwickeln wir uns? In den lumpigen achtzig Jährchen auf dieser Erde könnten wir doch auch einfach das Leben geniessen, in der Gewissheit, dass es nachher eh zu Ende ist. Wir gehen, wie wir gekommen sind: ohne Besitz und ohne Errungenschaft. Warum also nicht einfach das Leben geniessen? Vermutlich wäre das nicht einmal die dümmste Strategie. Wahrscheinlich würden wir damit auch viel weniger Schaden anrichten, als wir das gemeinhin so tun. Um ganzheitlich gesund zu werden oder zu bleiben, brauchen wir also nicht nur einen Arzt, sondern auch einen Psychologen, einen Philosophen und einen Schamanen – all diese können natürlich auch weiblich oder divers sein.

Physisch tun wir viel für unseren Körper: Wir bewegen ihn (moderat). Wir schlafen und trinken genug, wir essen gesund (ziemlich), wir pflegen, schminken, optimieren und reparieren ihn – und doch altert er gnadenlos vor sich hin. Wie viel tun wir für unseren emotionalen Körper – unsere Seele? Richten wir uns ebenso sorgfältig darauf aus, dass wir genügend Glück und Freude haben im Leben? Achten wir sehr bewusst und sorgfältig darauf, dass wir zufrieden, gelassen, positiv, ruhig und dankbar bleiben? Nehmen wir uns die Zeit, nach Rückschlägen und Verlusten zu trauern und das Geschehene zu verarbeiten, um dann wieder optimistisch, zuversichtlich, positiv und stark eine gute Energie zu verbreiten im Innen und Aussen?

Wie sieht es mit unserem geistigen Körper aus? Fördern wir diesen ebenso über unsere gesamte Lebenszeit? Betrachten wir die Dinge wirklich kritisch? Analysieren wir die sogenannten Fakten? Lernen wir immer wieder dazu? Sind wir stets darauf aus, die Dinge zu verändern, uns selbst infrage zu stellen, um unsere eigene nächste und bessere Version zu werden? Befassen wir uns rigoros und stetig damit, uns, unser Umfeld und die benachbarte Welt zu einem besseren Ort zu machen? Oder dröhnen wir uns zu mit Abwechslung, mit billigen, reisserischen News, mit Drama, lauter Musik, schlechten Fernsehprogrammen und irrelevanten E-Mails? Könnte man sagen, dass wir emotional krank sind, wenn wir traurig oder ärgerlich sind, und dass wir geistig krank sind, wenn wir stumpf und gelangweilt sind? Oder haben wir uns an diese Zustände so sehr gewöhnt, dass wir sie als normal empfinden? Genau wie wir Erkältungen, Kopfschmerzen, Unverträg-

«Ganzheitliche Gesundheit fordert uns in unserer Essenz.»

lichkeiten, Müdigkeit und Lustlosigkeit als normal empfinden?

Wie steht es denn um unseren spirituellen Körper? Fühlen wir uns verbunden mit der Welt und der universellen Intelligenz? Spüren wir, wohin uns die entstehende Zukunft führen möchte und wo wir gerade am meisten gebraucht werden? Empfinden wir uns als Teil eines ganz feinen, unglaublich komplexen, weltumspannenden, durch uns pulsierenden Gewebes, in welchem wir unsere ganz spezifische und einzigartige Aufgabe und Rolle haben? Oder ist es nicht eher so, dass wir zwischen eigenverantwortlicher Überheblichkeit gepaart mit Allmachtsfantasien und lethargischer Ohnmacht und Hilflosigkeit hin und her pendeln, allem anderen die Schuld gebend oder uns selbst verantwortlich machend?

Ganzheitliche Gesundheit geht weit über natürliche Heilmittel, Sport, Yoga und Meditation hinaus. Ganzheitliche Gesundheit fordert uns in unserer Essenz, uns als ganzheitliche Menschen mit Körper, Seele und Geist im Einklang mit der Natur und dem Weltengeist. Ganzheitliche Gesundheit werden wir erst erreichen, wenn wir sehr bewusst, sehr achtsam, sehr mitfühlend und sehr umsichtig leben. Wenn wir auch die ganz feinen Dinge in uns und um uns spüren und ernst nehmen. Wenn wir die kleinen und grossen Zusammenhänge durchdringen und von innen heraus verstehen und erfassen. Wenn Dankbarkeit, Respekt, Hilfsbereitschaft und Liebe die Basis sind für unser Leben. Nicht weil das gut ist oder weil wir und andere das so vorgeben, sondern einfach weil wir nicht anders können. Dann wissen und spüren wir, dass wir ganzheitlich gesund sind, heil sind in allen unseren Körpern, dem physischen, dem seelischen, dem geistigen und dem spirituellen. Dann werden auch Zukunft und Vergangenheit keine grosse Rolle mehr spielen, sondern nur der gegenwärtige Moment wird zählen. Wie kommen wir dahin? – Ganz einfach, indem wir uns jeden Tag auf allen vier Ebenen ein klein wenig bemühen und nicht nur den physischen, sondern eben auch den seelischen, den geistigen und den spirituellen Körper trainieren, indem wir spüren, nachdenken und reflektieren.

Global Ladies: Nomadenfrauen als Flach- oder Pfahlwurzler

Sie strahlt, wenn sie von ihrem Job und ihrem Leben erzählt! Hochgetaktet, erfolgreich, elegant und weltgewandt ist sie. Zurzeit in Singapur. Das ist ihr fünftes Ausland-Assignment seit Abschluss ihres Studiums. Sie spricht sechs Sprachen fliessend und kann chinesisch sogar schreiben und lesen. Amita ist eine Global Lady im wahrsten Sinne des Wortes und glücklich dabei. Sie liebt es, Neues kennenzulernen und als Weltbürgerin Freunde zu haben, die auf dem ganzen Globus verteilt sind. Ihre Eltern waren während zwanzig Jahren – ihrer ganzen Kindheit – als Expats für eine internationale Firma unterwegs, und so haben sie und ihre Geschwister früh gelernt, sich mit Ungewohntem auseinanderzusetzen, offen zu sein für Unbekanntes, Abwechslung zu schätzen und Abschied zu nehmen. Immer wieder. Doch sie fühlt sich mit ihren Verwandten, Bekannten und Freunden verbunden durch einen inneren Zusammenhalt und gemeinsam getragene Werte. Sie weiss, dass sie sie jederzeit kontaktieren könnte, wenn sie das wollte. Zeit hat sie dafür meistens keine, denn stets kommen neue Menschen in ihr Leben, die ihre Aufmerksamkeit erfordern.

Ganz im Gegensatz dazu Jennifer. Sie fühlt sich oft einsam und vom Leben ungerecht behandelt. Auch sie eine Global Lady mit einer Million Flugmeilen. Sie erzählt, dass sie geschieden sei, denn die Pendelbeziehung zu ihrem Mann hatte sich nach wenigen Jahren so auseinandergelebt, dass sie sich immer weniger zu sagen hatten und nur noch Äusserlichkeiten zählten. Sie seien ein Traumpaar gewesen, aber sie hätten keine Kinder haben können. So hätten sie sich beide auf ihre Karrieren konzentriert. Sie sahen sich selten, aber wenn sie zusammen waren, dann war es intensiv und leidenschaftlich. Eine Sonntagsbeziehung sozusagen. Doch als sie feststellte, dass ihr Gatte die freie Zeit nutzte, um alternative Beziehungen zu unterhalten, war sie beleidigt und warf die Beziehung innerlich hin. Seit der Trennung sucht sie einen neuen Lebenspartner, was aber aufgrund der häufigen – auch längeren – Auslandsreisen schwierig ist. Sie ist hin- und hergerissen zwischen ihrem attraktiven Job und den beruflichen Erfolgen (sie baut für ein weltweit führendes Unternehmen in verschiedenen Ländern Betriebe auf) und der Angst, im Alter einmal furchtbar allein zu sein. Gewiss, sie ist, was man eine gute Partie nennen könnte: hübsch, schlank, vermögend, erfolgreich und kompetent, doch sie ist nicht so wirklich verfügbar. Gewiss, sie hat immer wieder neue Freunde und Liebhaber, doch nichts, was auf Dauer Bestand hat.

Was ist der Unterschied im Erleben globaler Entwicklungen?

Bei den Pflanzen gibt es Flachwurzler, wie zum Beispiel Gras. Gräser senken ihre Wurzeln nicht so tief ab, sondern verbreiten diese und saugen das Wasser von der Oberfläche ab. Die Wurzeln verschiedener Grasbüschel wachsen wild durcheinander. Man kann Gräser leicht mit den Wurzeln ausreissen und irgendwo anders einpflanzen. Ein bisschen giessen und schon spriessen sie wieder. Anderseits gibt es die Pfahlwurzler, die eine einzige Wurzel tief absenken. Versucht man sie auszureissen, dann bleibt die Wurzel oft im Boden und die Pflanze stirbt. Zum Verpflanzen muss man sie sorgfältig ausstechen und einen grossen Ballen Erde mit verpflanzen, damit sie weiter gedeihen. Wir Menschen können auch ein bisschen in diese zwei Kategorien eingeteilt werden. Die einen sind stark verwurzelt mit ihrem Umfeld und brauchen häufige Kontakte zu den wenigen vertrauten Menschen, zu denen sie tiefe Beziehungen pflegen. Andere genügen sich selber und finden leicht Zugang zu neuen Umfeldern, die sie mit der gleichen Leichtigkeit auch wieder verlassen. Internationale Karrieren sind also nicht für alle gleich geeignet und sinnvoll. Ein paar hilfreiche Tipps gibt es aber doch, die es uns einfacher machen, die zunehmenden Anforderungen an Reisetätigkeit und Anpassung an die immer schnelleren Veränderungen – menschlich, fachlich, geographisch und orientierungsmässig – zu erfüllen.

1. Genügen Sie sich selber!

Wir Menschen haben die Tendenz, das, was wir im Innern vermissen, im Umfeld zu suchen. Etwa so: Ich bin eher ruhig und langweilig und suche deshalb Kontakt zu Menschen, die viele Ideen haben und dauernd auf Achse sind. Von diesen lasse ich mich dann gerne mitreissen. (Das Umgekehrte gilt natürlich auch, denn die Anreisser brauchen die Mitmacher genauso.) Der geliebte Partner oder die geliebte Partnerin, Freunde, Freundinnen und Bekannte schaffen dann genau diesen Ausgleich zu dem, was uns fehlt. Man nennt das Symbiosen, das heisst, wir unterhalten Beziehungen, in welchen keiner ohne den anderen sein kann. Der bessere Weg wäre, das, was uns im Inneren fehlt, in uns selbst auszubilden, was zwar weder einfach noch angenehm, dafür aber sehr nachhaltig ist, denn andere Menschen sind nun mal nicht dazu da, unsere Defizite auszugleichen.

2. Tragen Sie die Heimat in Ihrem Herzen

Wir sind da zuhause, wo wir geschätzt und geliebt werden. Wer also ist Ihnen näher als Sie selbst? Akzeptieren Sie sich so, wie Sie sind! Wertschätzen Sie Ihre Stärken und sehen Sie Ihre Schwächen als die Kehrseiten Ihrer Stärken – also sehr wertvolle Co-Eigenschaften, die in unserer dualistischen Welt halt zu Ihren Stärken gehören. Übrigens haben genau diese Schwächen auf den zweiten Blick gesehen meistens ganz wertvolle Funktionen, die wir absolut würdigen sollten.

Tragen Sie das, was Ihnen wirklich teuer ist, bei sich. Sei es Musik, ein Buch, ein Talisman, ein Foto … so, dass Sie Ihren Mikrokosmos immer um sich haben. Es ist erstaunlich, wie viel mehr Sie sich zuhause fühlen in einem Hotelzimmer, nachdem Sie die Foto des «significant other» aufgestellt, ein paar Kristalle ausgelegt oder ein Kerzchen angezündet haben. Doch oft sind es nicht die physischen Dinge, die uns begleiten. Noch mehr zuhause fühlen Sie sich nach einer kurzen Reflexion über die guten und schönen Dinge in Ihrem Leben gepaart mit einer «Dankbarkeitsmeditation», bei der Sie sich bewusstwerden, wem und welchen Umständen Sie Ihr Glück verdanken. «Diamonds are a girl's best friends», sang Marylin Monroe, aber die wahren Diamanten sind die unzerstörbaren, positiven Erinnerungen und damit Ihre Ausrichtung auf die Werte, die Sie Ihrem Leben zugrunde legen.

3. Nehmen Sie die Verbundenheit wahr

Ursula K. Le Guin, eine Science-Fiction-Autorin, die sich gleichermassen als Taoistin und Anarchistin empfindet, prägte den Satz: «Mit Sicherheit ist jeder von uns allein. Was können wir also anderes tun, als unsere Hand in die Dunkelheit auszustrecken?» Erleben Sie die Magie, wenn Sie das tun! Sie werden feststellen, dass Ihre Hand genommen wird. Seien Sie sich bewusst, dass wir auf einer bestimmten Ebene alle miteinander verbunden sind, auch wenn wir geographisch und physisch getrennt sind. Wir sind nie allein, sondern durch ein feines Geflecht von Energien miteinander verwoben. Was wir an Gedanken, Gefühlen und Taten aussenden, kommt zu uns zurück. Wenn Sie sich einsam fühlen, dann strecken Sie Ihre Hand aus! Leisten Sie einen, wenn auch noch so kleinen Beitrag! Finden Sie eine Gelegenheit, etwas Positives zu tun für jemanden! Verändern Sie etwas zum Besseren! Sie werden spüren, dass Sie Resonanz erhalten, dass Sie sich unmittelbar wieder als Teil empfinden, dass Sie in einer Gemeinschaft aufgehoben sind, zu der Sie gehören. Leider überlegen wir viel zu oft, was für uns getan werden könnte, statt dass wir überlegen, was wir für andere tun könnten. So entsteht ein Vakuum der Bedürftigkeit, in dem wir uns abgeschnitten von der Umwelt, einsam und allein fühlen.

> *«Bauen Sie sich die innere Heimat auf, die Sie auf der ganzen Welt zuhause sein lässt!»*

4. Flachwurzler oder Pfahlwurzler?

Finden Sie für sich heraus, was Ihnen wichtig ist und in welchen Situationen Sie sich gut fühlen. Auf die Dauer in Umständen und Umfeldern zu leben, die uns nicht entsprechen, macht uns krank und unglücklich. Mit Menschen zusammen zu sein, die uns Energie rauben statt geben, führt nicht zu den erstrebenswerten, ausgeglichenen, nährenden Beziehungen, die uns stark und glücklich machen. Wählen Sie Ihre Umstände und Beziehungen sorgfältig aus und optimieren Sie Sachzwänge nach Möglichkeit. Geben Sie sich regelmässig Zeit für geistige Marschhalte, in welchen Sie sich überlegen, was Sie in Ihrem Leben ändern möchten. Bringen Sie dann den Mut auf, dies vorbehaltlos umzusetzen, und bauen Sie sich so die innere Heimat auf, die Sie auf der ganzen Welt zuhause sein lässt – ob an einem Ort oder an vielen …

Die neue Weiblichkeit

Sprechen wir von einer neuen Weiblichkeit, dann stellt sich ganz schnell die Frage: «Wie hat denn die alte Weiblichkeit ausgesehen?» Was ist denn neu an Weiblichkeit? Gibt es sie überhaupt, die neue und die alte Weiblichkeit, oder gibt es einfach Weiblichkeit? Die Weiblichkeit hatte immer viele Gesichter. Was verstehen wir denn unter der «neuen» Weiblichkeit? Gibt es so etwas wie eine Mode für Weiblichkeit? Suchen wir Frauen wieder einmal nach einer generell akzeptierten Art, wie wir Frauen sein dürfen oder sollten, oder wäre es nicht langsam an der Zeit, einfach wir selbst zu sein? – Männlich, weiblich, androgyn – wie auch immer! Einfach wir selbst. Dann wäre sie vielleicht auch da, die neue Weiblichkeit. Sie wäre dann vielleicht gar nicht so anders als die alte Weiblichkeit – nur einfach sehr viel selbstverständlicher, lustvoller, ehrlicher, unterschiedlicher, fröhlicher und direkter.

Eigentlich haben ja eh Männer die Weiblichkeit «erfunden». Modeschöpfer waren und sind zu einem grösseren Teil Männer. Die Psychologen waren früher vorwiegend Männer (C.G. Jung schrieb vor circa hundert Jahren einen Aufsatz über «die Frau in Europa», in welchem er die Weiblichkeit ziemlich exakt beschrieb, mit einem kleinen Unterton, wie Frauen zu sein hätten ...). Küchenbauer sind Männer, Gynäkologen waren früher meistens Männer, Coiffeure waren oft Männer, denn Frauen haben – vor allem in unseren Breitengraden – gar nicht für Lohn und ausser Haus gearbeitet und schon gar nicht Geschäfte eröffnet und/oder Karriere gemacht. Stimmt das? Nein, auch das stimmt nicht, denn es hat sie immer gegeben, die Frauen, die vor gar nichts zurückschreckten: Marie Curie, die erste Frau und die erste Professorin, die an der Sorbonne lehrte, die erste Nobelpreisträgerin (auch heute noch die einzige Mehrfachnobelpreisträgerin!), das erste weibliche Mitglied der renommierten «Académie des Sciences»; oder Emma Eckhert, die Anfang der 1920er-Jahre als Verwaltungsratspräsidentin eine Bank führte. (Wie sie zu diesem Posten kam, stellt an Machtgelüsten, Intrigen und Karrierismus so ziemlich alles in den Schatten, was auch die karrieregeilsten und taktischsten Männer zu bieten haben.) Oder man denke an Marie Josèphe Rose de Tascher de la Pagerie, die Tochter eines Plantagenbesitzers aus Martinique, später Joséphine die Beauharnais und noch später Kaiserin Joséphine Bonaparte, die eine der gewieftesten Politikerinnen ihrer Zeit war und durch ihre Heirat mit dem um sechs Jahre jüngeren

Napoléon zur wichtigsten Frau einer ganzen Nation wurde. Junko Tabei war am 16. Mai 1975 die erste Frau, die auf dem Gipfel des Mount Everest stand, und Marie Vögtlin war die erste Schweizerin, die 1869 an der Universität Zürich Medizin studierte (nachdem in der Schweiz Frauen überhaupt erst 1864 zugelassen wurden). Man kennt sie, oder man kennt sie nicht. Die tüchtigen, fähigen Frauen, welche sich nie darum kümmerten, ob gleichberechtigt oder nicht, sondern einfach arbeiteten, sich einsetzten und das realisierten, was sie wollten. Frauen, die ihren Beitrag leisteten, das Möglichste taten, ihren Weg verfolgten, ihren Willen durchsetzten und mit ihren Errungenschaften in die Geschichte eingingen. Frauen, die man in der Wikipedia findet und über die Bücher geschrieben wurden. Anderseits gibt es auch heute noch die unselbständigen Weibchen, die sich verwöhnen lassen, die einfach schön sind oder sein wollen und sich als «Taschen-Narzisstinnen» an einen erfolgreichen, mächtigen Mann hängen. Weiblein, die sich an den Modemagazinen orientieren, stets darauf achtend, was «man» tut und nicht tut. Typisch weiblich? Ja schon, aber Geschichte schreiben sie keine …

Sollten wir uns im Zeitalter der Gleichberechtigung nicht so ganz langsam von den «Typisch»-Mustern lösen? Wo immer eine Art definiert wird, da sollten wir weit wegrennen, denn da werden wir – einmal mehr – in eine Schublade gesteckt, vereinheitlicht und von Normen versklavt. Ob die neue Weiblichkeit, die neue Selbstverständlichkeit, die neue Intelligenz: «Die neue xyz» steht in den wenigsten Fällen für neu, doch in den meisten Fällen einmal mehr für eine neue Normierung, an welche man sich dann zu halten hat – oder hätte –, will man keine Aussenseiterin sein. Genau deshalb haben unsere Kinder Magersuchts- und Selbstwertprobleme: Schlank ist in, noch schlanker besser und mager das Schönheitsideal. Hässlich gemacht, mager, bleich und missmutig sind die Mannequins in den berühmtesten Modejournalen der Welt. Unnahbar, hart und männlich werden uns Managerinnen dargestellt. Was unserem Selbst im täglichen Leben Wert gibt, ist dabei fast immer leicht daneben, weil real und nicht dem Ideal entsprechend. Wir können also gar nicht o.k. sein. Das Vorbild der «neuen» Frau ist Karrierefrau, schön, sportlich durchtrainiert, perfekte Mutter mit mindestens drei Kindern und in Dauerweiterbildung, mit vielen spannenden Hobbies und selbstgemachten, originellen Konfitüren aus (selbstverständlich selbst gesuchten) Alpenrosen oder Waldmeisterchen. Dass viele Frauen damit – mindestens leicht – überfordert sind, ist reine Schwäche, die mittels Coaching und

«Wenn Sie konsequent zu sich stehen und das entwickeln, was Ihnen wichtig ist, dann werden Sie Geschichte schreiben.»

Medikamenten aufgefangen werden kann, sodass auch die noch mithalten können, die schon mit der Hälfte der Anforderungen am Anschlag sind.

Nein, meine Damen: Lassen Sie sich nicht verführen von solchem Blödsinn wie «der neuen Was-immer-es-mal-wieder-sein-soll»! Stehen Sie zu sich mit allen Pickeln, Fettpölsterchen, Cellulitedellen, fehlenden Abschlüssen und Unzulänglichkeiten! Fangen Sie an, sich genau da wohlzufühlen, wo Sie sind, und so zu leben, wie Sie sind! Beginnen Sie, Ihren eigenen Stil zu definieren! Ob durchschnittlich intelligent, krumme Wirbelsäule, zu frech, zu scheu … Das Wort «zu» können Sie eh mal aus Ihrem Vokabular streichen, denn so, wie Sie sind, ist es genau richtig. Freuen Sie sich über das, was Sie geschaffen und erreicht haben! Seien Sie dankbar für alles, was das Leben Ihnen so zugespielt hat, ob gut oder schlecht, denn aus dem Moment heraus können wir sowieso nicht entscheiden, was gut und was schlecht ist, weil wir die Alternativleben, die wir gehabt hätten oder hätten haben können, gar nicht kennen. Freuen Sie sich über sich und Ihr Leben! Lieben und akzeptieren Sie sich selber so, wie Sie sind, denn anders können Sie auch gar nicht sein. Geniessen Sie das Leben so, wie es sich Ihnen präsentiert, und feiern Sie, was es zu feiern gibt, auch ganz kleine Gründe.

Wenn Sie konsequent zu sich stehen und das entwickeln, verändern und kreieren, was Ihnen wichtig ist, dann werden Sie Geschichte schreiben. Vielleicht nur Ihre eigene, aber Sie werden erfüllt und zufrieden zurücklehnen am Abend und beim Einschlafen wissen, dass Sie Ihr Leben, Ihre Träume gelebt und Ihre Lebensbestimmung – so es eine solche gibt – verfolgt haben. Sie werden auf ein reichhaltiges Leben mit den unterschiedlichsten Facetten zurückblicken und sich über das freuen, was möglich war, und erstaunt sein darüber, *was* alles möglich war.

Was braucht es dazu? Herzlich wenig! Etwas Mut, etwas Reflexion, etwas Sturheit, etwas Kreativität, etwas Unangepasstheit, etwas Resilienz und ganz viel Individualismus und Selbstachtung. Wenn Sie das mischen, bearbeiten, kneten, verwerfen und neu gestalten, dann erhalten Sie schlussendlich sehr viel Leichtigkeit, Lebensfreude und die Resultate, die das Beste sind, was Sie aus sich herausbringen können.

Wieso das Netzwerk gerade jetzt so wichtig ist

Ob als Person oder als Firma, als Nation oder als Leader – wir sind Teil von Netzen, in Netzen gefangen und manchmal auch die Urheber von Netzen. Im besten Fall fängt uns das Netz auf, schützt uns und hilft uns. Doch Netze sind nur so gut wie die Absichten derer, die sie kreieren, und nur so stark wie das schwächste Glied. Ein Leben ohne Netz ist nicht mehr vorstellbar, aber kontrollieren wir das Netz, oder kontrolliert es uns? Sind wir Mücke oder Spinne?

Wir alle brauchen Gemeinschaften, auch jenseits der Familie. Zugehörigkeit ist ein Grundbedürfnis, und dabei ist es uns wichtig, uns mit Menschen mit gleichen Werten, gleichen Interessen, vielleicht auch gleichem oder besserem Status zu verbinden. Vom Kaninchenzüchterverein im Dorf bis zur EU, von Service Clubs bis zu Firmenverbänden sollen diese Gemeinschaften uns Halt geben, uns helfen, uns schützen, unsere Interessen sichern und unsere Möglichkeiten erweitern. Das tun sie auch, solange alle ihren Beitrag leisten und mindestens gleich viel hineingeben, wie sie herausnehmen: jeder für alle und alle für jeden. So trägt jeder seinen Möglichkeiten gemäss zum Wohle aller bei. So die Theorie. Das schafft zwar Vorteile für die Mitglieder, benachteiligt aber zwangsläufig diejenigen, die nicht dazugehören wollen oder können.

Ob als Privatperson, als Firma oder als Nation: Netzwerke sind nur so hilfreich und wertvoll wie die Mitglieder. Unterstellen sich diese hohen ethischen Grundsätzen und dem Geist des einander Stärkens und Helfens, dann entstehen Gemeinschaften, die einen Mehrwert generieren für jeden Einzelnen. Sobald sich aber zu viele Trittbrettfahrer und Profiteure einnisten, sobald das Prinzip der Freiheit nicht mehr gegeben ist, sobald moralische Grundsätze Partikularinteressen untergeordnet werden und sobald einige wenige das Netzwerk auf Kosten der Mehrheit für sich nutzen, dann wird das Netzwerk zu einem unguten Netz, zu einem «Racket» und damit sehr fragwürdig. Leider fragen wir uns viel zu selten, was wir beitragen können, sondern richten uns primär darauf aus, was wir gewinnen können. Doch ist es nicht so, dass irgendjemand die Zeche begleicht? Wer trägt denn den Verlust, der unser Gewinn ist?

Seien wir uns bewusst, dass wir diese Balance von Geben und Nehmen zu einem grossen Teil für uns selbst entscheiden können, aber auch sorgfältig darauf achten müssen, wie sich die Netzwerke, denen wir angehören, entwickeln! Bleiben diese Netze in schwierigen Zeiten stabil? Ist wirklich jeder für jeden da? Gewinnen alle oder nur wenige? Sind die Aufnahmekriterien und Austrittskonditionen fair und transparent? Sind Input und Output ausgeglichen? Gerade in der jetzigen Zeit wird sich die Qualität der Netzwerke zeigen, sowohl auf Staaten- wie auch auf Firmenebene und im ganz persönlichen Bereich.

Schaffen und pflegen wir also «gute» Netzwerke, welche allen Mitgliedern nützen, ohne denjenigen zu schaden, die nicht dazugehören. Kreieren wir Gemeinschaften, die durch ihre Stärke selbst Aussenstehenden dienen. Viele der Netzwerke, die wir geschaffen haben, sind leider zu zahnlosen bürokratischen Gebilden geworden. Andere bereichern sich auf Kosten von – meistens schwächeren – Nichtmitgliedern. Doch erwarten Sie auch nicht zu viel von guten Netzwerken, denn so lose Gemeinschaften sind in aller Regel auf Schönwettersituationen ausgerichtet und nicht sehr zuverlässig in Krisensituationen, weil die Beziehungen zwischen den Netzwerkpartnern normalerweise auch nicht sehr eng sind. Extrembeispiele sind hier die Netzwerke in sozialen Medien. Wirkliche Freundschaften und enge Familienbande sind da in der Regel tragfähiger.

«Eigentlich sind wir alle miteinander verbunden.»

Könnte es sein, dass wir uns im Äusseren zusammentun, ohne auch im Inneren verbunden zu sein? Spüren wir die Verbundenheit in unseren Herzen und durch unseren gemeinsamen Purpose, oder schliessen wir uns zu reinen Interessensgemeinschaften zusammen? Tragen wir Verantwortung für alle Zugehörigen, oder geht es uns mehr um den eigenen Nutzen? Interessieren uns die Nöte und Bedürfnisse der anderen, oder suchen wir nur Vorteile für uns selbst? Warum sind wir Teil dieser Netzwerke? Was geben wir anderen durch unsere Mitgliedschaft? Was geben wir der Welt mit unserem Netzwerk?

Eigentlich sind wir alle miteinander verbunden. Unser Planet ist ein riesiges, in sich stimmiges, interdependentes und hochkomplexes interaktives Netzwerk. Nicht nur unter den Menschen, sondern auch mit den Tieren, den Pflanzen und den Elementen. Keines dieser Reiche könnte ohne die anderen existieren. Je entwickelter und spezialisierter wir sind, desto abhängiger sind wir auch. In den alten Kulturen war dieses Wissen noch sehr präsent und damit auch die Dankbarkeit für die Beiträge der anderen Reiche sehr ausgeprägt. Heute sind wir der Ansicht, die Krone der Schöpfung zu sein, und wir haben die anderen Reiche unterworfen. So behandeln wir sie auch: Wir nutzen sie, oft lieblos, meistens respektlos und nie gleichberechtigt. Was geben wir zurück? Geben wir genug zurück?

Es ist essenziell, dass wir uns alle als gute Netzwerkpartner beweisen und nach unseren Möglichkeiten beitragen, die Netzwerke, denen wir angehören, zu stärken, sie attraktiv zu machen, sie zu nähren und auf dem höchsten ethischen Niveau zu halten. Vor allem dieses grosse, unglaublich eng und komplex geknüpfte Netzwerk, das wir unsere Welt nennen, jeder und jede an seinem ganz eigenen Platz, im Wissen, dass dies eine positive Auswirkung hat im ganzen Netz, auch wenn wir sie so direkt nicht sehen, denn was wir aussenden, kommt auch zu uns zurück. Seien wir weder Mücken noch Spinnen, sondern Kooperationspartner für eine lebenswerte Zukunft, in der es für alle Platz hat und für alle gesorgt ist.

Ist Kindness Economy mehr als ein Hype?

Wie man nett UND erfolgreich sein kann

Die Wirtschaft hat Mitgefühl und Freundlichkeit entdeckt! Das sind eigentlich gute Neuigkeiten, denn in einer Arbeitswelt, in der Menschen vor allem ihre Chefs und weniger ihre Firmen und Jobs verlassen, gehören Freundlichkeit und Empathie wohl nicht zu den Schlüsselkompetenzen. Von Kindness Economy ist die Rede, und die grosse Frage bleibt: Ist das ein Hype oder eine Bewusstseinsveränderung im Management?

In Firmenleitbildern findet man diese Werte noch nicht so oft. Wertschätzung und Respekt schon eher. Nett sein ist schon fast ein Prädikat für Verlierer. Oder möchten Sie, dass man von Ihnen sagt: «Sie ist nett.»? Andererseits gab es vor fünfzig Jahren auch nur ein abschätziges Lächeln für Nichtraucher, Vegetarier (von Veganern sprechen wir schon gar nicht) und Abstinenzler. Heute gehören diese Prädikate zum modernen, gesunden und anzustrebenden Lebensstil. Von ESG war erst in den 1990er-Jahren die Rede, und Klimawandel beschäftigt uns auch erst so richtig seit zwanzig Jahren. Natürlich gab es Vorläufer und einsame Rufer in der Wüste zu diesen Problemen, aber der Bewusstseinswandel im Mainstream braucht halt Zeit. Meistens kommen solche Themen erst auf, wenn es vorher massiv in die falsche Richtung gelaufen ist und die Schäden augenfällig werden. So wie Umweltverschmutzung und Ausbeutung der Natur ihren Preis fordern, schadet auch der egoistische, respektlose, abwertende und zynische Umgang mit Mitmenschen den Unternehmen und der Gesellschaft und somit uns allen. Auch Empathie und Freundlichkeit haben Vorläufer: Im Buddhismus (seit circa 300 vor Christus) ist Mitgefühl das zentrale Thema. Das Gelübde der Bodhisattva (Anhänger von Buddha) ist: «Möge ich nicht ruhen, bevor alle fühlenden Wesen gesund und glücklich sind!» Es geht also um andere, genau wie in der brandneuen Kindness Economy auch.

Haben Sie schon einmal versucht, immer freundlich, emphatisch und nett zu sein? Bekommen Sie Ihren Bonus dafür, oder werden Sie anderweitig dafür belohnt, nett zu sein? Wären Sie lieber intelligent, innovativ, erfolgreich, eine Macherin, ein Star oder einfach nett?

Nettigkeit ist zwar eine Tugend, wie Bescheidenheit auch, aber so wirklich Erfolg bringend und sexy war sie bis anhin nicht, oder wenigstens nicht als Hauptmerkmal.

Tatsache ist, solange wir in den alten Paradigmen leben (wollen), so lange wird Kindness Economy nicht funktionieren. In einer wettbewerbsorientierten Welt gewinnen die Starken, nicht die Netten. Vergessen Sie diese Sackgasse, welche von oben zwar propagiert, da aber am wenigsten gelebt wird. Nett ist gut für die, die zudienen, unterstützen, helfen und ausführen, nicht für die, die gestalten, bestimmen und führen.

Tatsache ist auch, dass die Welt, wenn wir die bestehenden Paradigmen erhalten wollen, nicht besser wird. Kindness Economy hätte das Potenzial, eine echte Bewusstseinsänderung hervorzurufen. Wenn es genügend Vorbilder gibt, dann wird es irgendwann nicht mehr cool sein, egoistisch, eigennützig und charakterschwach unterwegs zu sein. Empathie, Kooperation und wechselseitige Unterstützung werden dann zur Selbstverständlichkeit, und das vereinbarte Ziel wird sein, einander wachsen zu helfen zum Nutzen aller. Das Dogma wird dann von «Wenn jeder für sich selbst sorgt, ist für alle gesorgt» zu «Wenn jeder auch für die anderen sorgt, dann geht es allen besser».

Eigentlich wäre die Kindness Economy die einzige Form, die eine echte Weiterentwicklung bietet in Richtung Nachhaltigkeit und Überleben. Empathie, Freundlichkeit und Zusammenarbeit – konsequent gelebt – bedeuteten, dass wir keine Kriege führten, die Natur nicht ausbeuteten, Tiere und Pflanzen sorgfältig behandelten, so wenig wie möglich Schaden verursachten und keine Minderheiten ausgrenzten. Kindness Economy hätte eine Chance zu entstehen, wenn immer mehr Menschen verstünden, dass ein gesundes Mitgefühl und echte Kooperation unabdingbar sind, um aus den gegenwärtigen Krisen herauszufinden und eine wirklich neue Weltordnung zu bauen, die nicht auf Eigennutz, Profit, Rücksichtslosigkeit, Arbitrage und Macht fusst.

«Die einzig Nette zwischen Ruchlosen zu sein, ist keine erfolgreiche Strategie.»

Doch seien Sie vorsichtig! Suchen Sie Umfelder, in welchen Empathie, Zusammenarbeit und Freundlichkeit auch gewünscht sind und Verstösse dagegen konsequent geahndet werden. Denn die/der einzig Nette zwischen Ruchlosen zu sein, ist keine erfolgreiche Strategie. Vielleicht kennen Sie das Spiel mit roten und schwarzen Karten: Rot heisst, Sie kriegen alles (falls der andere Schwarz spielt), Schwarz heisst, Sie teilen. Wenn beide Rot spielen, verlieren beide. Die beste Strategie ist, zweimal Schwarz zu spielen, das heisst, allenfalls zweimal zu verlieren. Wenn der andere Spieler aber zweimal Rot spielt, dann unbedingt die Strategie wechseln. Das erste Mal spielen Sie fair, weil das einfach die edlere und bessere Strategie ist für beide. Das zweite Mal, um zu zeigen, dass Sie es wirklich ernst meinen. Damit geben Sie dem anderen die Chance – sollte er Rot gespielt haben –, Vertrauen zu gewinnen und seine Strategie zu ändern. Vielleicht spielt der andere Spieler das erste Mal Rot aus Angst, dass Sie Rot spielen könnten. Wenn er/sie aber sieht, dass Sie altruistisch unterwegs sind, dann könnte es sein, dass er/sie die Strategie ändert. Deshalb sollten Sie ein zweites Mal Schwarz spielen. Wenn Sie dann ein zweites Mal verlieren, dann ist Zeit, sich zu wehren und die Spielregeln des alten Paradigmas zu übernehmen, denn offensichtlich versteht Ihr Gegenspieler die Kindness Economy, die auf Vertrauen beruht, nicht.

Teil 2

Das Leben und die Karriere gestalten

Im Leben von Männern und mittlerweile auch von Frauen ist der Beruf und die Karriere neben Gesundheit und Familie so ziemlich das Wichtigste. Wir verbringen mindestens die Hälfte unserer bewussten Zeit im Geschäft und/ oder in unserer Funktion und dies über schätzungsweise fünfzig Jahre. Es lohnt sich also, die berufliche Entwicklung sorgfältig auszuwählen, optimal zu gestalten, regelmässig zu überdenken und an neue Bedürfnisse, Werte, Umstände und Opportunitäten anzupassen. Wer sich treu bleiben will, muss sich stetig verändern, denn im Aussen gibt es konstante Änderungen und im Innern bleiben wir auch nicht die- oder derselbe. «Die einzige Konstante ist der Wandel!», sagte schon der griechische Philosoph Heraklit, und das war sehr lange vor unserem VUCA-Zeitalter (VUCA = volatile, uncertain, complex and ambiguous).

Die Anforderungen an die eigene Karriere sind mannigfaltig und volatil. Unsere Motivatoren sind der Motor, wofür wir etwas tun, und dies können wir im Beruf am besten ausleben. Der Job gibt uns weit mehr als Geld: Abwechslung, Beziehungen, die Chance, uns zu beweisen und zu verwirklichen, Netzwerke, Macht, Ansehen, Ausstrahlung, ein Vermächtnis, aber auch Spass, Befriedigung, Entspannung neue Möglichkeiten, Auseinandersetzung, inneres Wachstum, spannende Herausforderungen und so weiter … Gleichzeitig zeigen Beruf und Karriere uns aber auch unsere Grenzen und Unzulänglichkeiten auf. Der Job kann uns frustrieren, ängstigen und in Probleme führen, aus welchen wir nur schwer wieder herausfinden. Er bietet Versuchungen, Geduldsproben und Konflikte. Wir sind genötigt, mit Einschränkungen zu leben und auf diese Rücksicht zu nehmen. Nicht alle unserer Vorgesetzten, Mitarbeitenden, Kunden, Kolleginnen und Kollegen sind Menschen, die wir gerne in unserem Freundeskreis hätten – wir müssen trotzdem mit ihnen klarkommen. So bietet uns der Job unerschöpfliche Möglichkeiten, zu lernen und neue Kompetenzen auszubilden.

Je bewusster wir also unsere berufliche Entwicklung gestalten und optimieren, desto glücklicher und erfolgreicher können wir sein. Dazu gehört nicht zuletzt, dass wir oft reflektieren, regelmässig Feedback einholen und prüfen, ob wir auch die Resultate bewirken, die wir uns wünschen und die von unserem Umfeld erwartet werden.

Was heisst denn hier Karriere?

Alle wollen Karriere machen, aber niemand will den Preis dafür bezahlen. Na ja, so extrem ist es nun auch wieder nicht, aber tendenziell ist die Aussage schon richtig, vor allem dann, wenn der Preis sehr hoch ist.

«Frauenkarrieren scheitern an der Unternehmenskultur», sagt eine Fraunhofer-Studie. «Frauenkarrieren scheitern an den Vorurteilen der Männer!», sagt die Zeitung «Die Welt». Doch Frauenkarrieren scheitern hauptsächlich an der Intelligenz der Frauen. Und zwar im positiven Sinn, denn Frauen sind einfach nicht blöd genug, das mitzumachen, was bei ihren männlichen Kollegen zu Burnout, zu übertriebenem Wettbewerb, zu Einseitigkeit und zu Depressionen führt, und was, wie sie schon früh erkennen, weder für sie, noch für ihre Partnerschaft, noch für ihre Familien gut wäre. Oder doch?

Frauenkarrieren sind anders, müssen anders sein, wenn Frauen ihren Beitrag zu Diversität im Management liefern wollen. Wie müsste denn eine Unternehmenskultur beschaffen sein, in welcher auch Frauen erfolgreich Karriere machen? Wen müsste man fragen, wie denn eine solche Unternehmenskultur aussehen müsste, die es erlaubt, einen hohen Anteil von Führungsfrauen zu haben? Die Topmanagement-Männer? Die erfolgreichen Managementfrauen, die fast genau so sind wie die Topmanagement-Männer? Die Frauen, die sich solchen Karrieren bisher verweigert haben und Teilzeit arbeiten oder selbständig geworden sind? Studenten und Studentinnen? Arbeitsrechtlerinnen? Nein, nein, nein – sie alle nicht, sondern die Eisbären! Denn Eisbären bleiben cool. Eisbären behaupten sich wieder, nachdem sie fast schon vom Aussterben bedroht waren. Eisbären sind weit oben in der Nahrungskette. Eisbären sind Sympathieträger. Eisbären sind in! Der schwedische Möbelhersteller macht's vor: Bei Ikea gelten einfache Prinzipien: Woher jemand kommt, ist sekundär, ins Team passen muss er – pardon – sie! Das heisst, dass auch Frauen und Männer mit traditionell gesehenen weniger hochkarätigen beruflichen Werdegängen durchaus Chancen haben, rekrutiert und befördert zu werden. Bei Ikea heisst das auch, dass individueller auf persönliche Bedürfnisse eingegangen werden kann, so zum Beispiel während Baby- und Erziehungsphasen, aber auch für Sportkarrieren, politische Engagements oder Weiterbildungen, ohne dass dies die Karrierechancen gefährden würde. So ein Artikel von Gudrun Ostermann in «Der Standard».

Frauenkarrieren sind individueller als Männerkarrieren, denn Frauen sind oft vielseitiger engagiert und haben oft farbigere Lebensläufe – auch mit mehr Brüchen, weil sie Rücksicht genommen haben auf alles Mögliche – Familie, Karrierepartner, Vorgesetzte und Randbedingungen. Frauen haben auch mehr Selbstzweifel und weniger Selbstvertrauen als Männer, und Frauen haben oft einen höheren Perfektionsanspruch, das heisst, sie wollen keine Fehler machen! Das führt dazu, dass sie sich öfter als ihre männlichen Counterparts «benchmarken» und dass sie sich seltener absichtlich in die «Entwicklungszone» wagen, weil da die Gefahr des Versagens zwangsläufig höher ist.

Vielleicht erinnern Sie sich an die Zeit, als Sie klein waren. Vielleicht haben Ihre Eltern jedes Jahr an Ihrem Geburtstag mit Bleistift ein kleines Strichlein an den Türrahmen gemacht mit Ihrer Grösse und dem Datum. So konnten Sie sehen, wie Sie gewachsen waren. Ihre Eltern haben Ihre Strichlein nicht mit denjenigen Ihres älteren Bruders verglichen und gesagt, dass Sie nur vierzig Prozent gewachsen waren im Vergleich zum Bruder. Ihr Bruder hatte eigene Strichlein an einem anderen Türrahmen. Sie haben auch nicht gesagt, dass Sie vierzehn Zentimeter kleiner sind als Ihre Cousine: Nein, Sie haben sich einfach gefreut, dass Sie nun wieder vier Zentimeter gewachsen waren. Genau darum geht es! Dass wir bei uns bleiben und uns über unsere eigenen Fortschritte freuen, egal wie gross oder klein sie sind in den Augen und Meinungen anderer.

Gestalten wir unsere ganz persönliche Karriere!

Nehmen wir an, wir hätten eine fixe Aufgabe zu lösen, zum Beispiel die Länge des Zürichsees zu schwimmen. Anwärter dafür wären ein Elefant, eine Kuh, eine Amsel, ein Hecht, ein Haubentaucher, eine Schnecke, ein Seepferdchen und ein Ameisenbär. Logischerweise haben die einen gewisse Vorteile gegenüber den andern und meistern so die Aufgabe besser und einfacher. Wenn dies eine wiederkehrende Aufgabe ist, dann werden sie immer gewinnen und mit der Zeit Spielregeln entwickeln. Diese gelten dann für alle, begünstigen aber gleichzeitig nur eine Minderheit! Genau so ist Management eine Aufgabe, die sich verfeinert, spezialisiert, individualisiert und perfektioniert hat. Die Gewinner haben Spielregeln entwickelt für das Management, diese wurden nicht von Frauen gemacht. Solange wir Frauen diese jedoch nicht beeinflussen können, müssen wir uns daran halten

«Die Gewinner haben Spielregeln entwickelt für das Management, diese wurden nicht von Frauen gemacht.»

und mit diesen Spielregeln erfolgreich sein. Oder: Wir suchen uns eine andere, neue Aufgabe, in welcher wir strategische Vorteile haben. Oder wir schaffen ein alternatives Umfeld, in welchem wir die Spielregeln selbst bestimmen. Denn hiesse die Aufgabe nicht Zürichseeschwimmen, sondern Milchgeben, dann wären Haubentaucher und Co. plötzlich ziemlich mies dran. Wäre es ein Zürichseelauf, dann hätten wiederum andere das Sagen, und wäre das Wasser salzig, dann hätte der Hecht ein Problem, obwohl geeignet.

So ist denn die Ausgangslage einer jeden erfolgreichen Karriere, dass wir uns ganz genau überlegen, was unsere Stärken und unsere strategischen Vorteile sind. Wo punkten wir überdurchschnittlich? Wo schaffen wir Resultate mit Freude und Leichtigkeit? Die nächste grosse Frage ist dann: Was will ich? Auch das ist meistens nicht so einfach zu beantworten, denn wir wollen vieles gleichzeitig und sofort. Warum denn nicht? Nur, dies gilt es nun in eine Hierarchie zu bringen, was mittels einer Technik, die wir «paarweisen Vergleich» nennen, etwas einfacher geht. Damit können wir erkennen, was uns wirklich wichtig und was «nice to have» ist. Auch die dritte Frage, «Wo denn?», ist zentral. Um zu wissen, ob wir auf dem richtigen Dampfer sind, genügt es meistens, einmal zu reflektieren, wie viel Spass wir denn zurzeit haben. Wie geht es mir im Moment? – Denn da, wo wir wertgeschätzt werden und Erfolg haben, ist es uns auch wohl. Solange wir Dinge mit Menschen zusammen erfolgreich durchziehen oder Dinge für Menschen tun, welche diese dann auch schätzen, da geht es uns auch so richtig gut. Wir fühlen uns stark, sinnvoll engagiert und zufrieden. Suchen wir uns also bewusst und sorgfältig das Umfeld, in welchem es uns gutgeht, wo wir wertgeschätzt werden und Erfolg haben.

Karriere sollte für intelligente Frauen nicht heissen, möglichst weit oben auf der Karriereleiter zu sein, sondern das zu tun, was wir am besten können und am liebsten tun. Wenn wir uns da engagieren, wo wir motiviert sind, wo unsere Leistung brilliert und wir uns von Erfolg zu Erfolg weiterhangeln, da sind wir am richtigen Platz, geschätzt und erfüllt. Das darf auch ganz oben sein, muss aber nicht. Das bedeutet, eine nachhaltig erfolgreiche Karriere gemacht zu haben! Wir schaffen das umso leichter, je weniger wir uns mit anderen vergleichen, die – von aussen gesehen – auf grossartige Karrieren zurückblicken können und beruflich erfolgreich sind; denn nachhaltig erfolgreich zu sein, ist keine Aussenwahrnehmung in der Presse, sondern ein tief in uns selbst verankertes Gefühl, das Richtige richtig zu tun.

Suchen Sie nicht nach dem Sinn des Lebens – geben Sie ihm einen!

Dieses Zitat ist mir nie mehr aus dem Sinn gegangen. Es drückt so vieles gleichzeitig aus. Was gibt denn dem Leben Sinn? Was ist der Sinn des Lebens? Bin ich wirklich selbst zuständig dafür, dass mein Leben Sinn hat?

Sinn ist ein Grundbedürfnis

Glauben wir dem amerikanischen Sozialpsychologen Abraham Maslow, dann kommen wir schlussendlich alle zum selbstlosen Dienen als höchster Form der Selbstverwirklichung. Denn die Erweiterungen, die er vor seinem Tod 1970 noch in sein Stufen-Modell der Bedürfnisse eingebaut hat, zeigen, dass es uns Menschen nicht primär um uns selbst, sondern um die Gesamtheit geht – dies allerdings erst, nachdem unsere eigenen Bedürfnisse einigermassen abgedeckt sind.

Auch Joachim Bauer, der deutsche Molekularbiologe und Psychotherapeut kommt in seinen Forschungen zum selben Schluss: dass es uns Menschen nur richtig gut geht, wenn wir Dinge für andere tun, die diese schätzen, oder wenn wir Dinge erfolgreich mit anderen zusammen unternehmen. Die glücklich machenden Botenstoffe im Gehirn, die Endorphine, werden nur in hohem Mass ausgeschüttet in Bezug zu anderen.

Welchen Sinn wir dem Leben geben, ist eine Sache unserer Bedürfnisse

Der Sinn des Lebens (respektive der Sinn, der unser Leben hat) hängt nicht zuletzt von der Erfüllung der Bedürfnisse ab, die gerade anstehen. Zentral dabei ist, dass wir diese spüren, erkennen, kommunizieren und realisieren. Das bringt uns sehr schnell zu den Themen Authentizität und Zivilcourage. Stehen wir zu den Bedürfnissen, die wir spüren und erkennen? Getrauen wir uns, unsere Bedürfnisse mitzuteilen, auch wenn sie als uncool beurteilt werden könnten von anderen – oder noch schlimmer: von uns selbst? Fordern wir unsere Bedürfnisse ein gegen die starken und vielseitigen Bedürfnisse unserer Mitmenschen?

Vielleicht ist die Sinnkrise, die viele Menschen zurzeit erleben, keine Sinn-, sondern eine Bedürfniskrise insofern, als wir diese nicht klar erkennen oder nicht genügend verwirklichen können. In meinen Coaching-Mandaten, wie auch in meinem Leben, geht es oft um Akzeptanz- und Dominanzbedürfnisse.

Es geht um Wertschätzung, Anerkennung, Zugehörigkeit und Einbezug, also die dritte Bedürfnisebene von Maslow! Solange diese Ebene nicht erfüllt ist, dient das «selbstlose Dienen» nicht dem anderen, sondern uns selbst, denn wir suchen damit letztlich nichts anderes als Anerkennung und Zuwendung. Die meisten Frauen und Männer kennen diese Stufe sehr gut. Erst wenn wir da einigermassen gut aufgefangen sind, kommen wir zur nächsten Stufe, der Dominanz. Hier geht es darum, die Dinge im Griff zu haben, Herr über das eigene Leben zu sein, andere und die Umwelt beeinflussen zu können, die Geschicke zu führen und zu lenken. Auf dieser vierten Stufe dienen wir immer noch nicht: Wir erfahren unsere Macht! Das ist das typische Umfeld von Managern und Politikern. Auch in der nächsten Stufe geht es noch nicht um selbstloses Dienen, sondern darum, das zu tun, was wir möchten, um uns selbst zu verwirklichen und unser Potenzial zu realisieren. Viele Künstler und Wissenschaftler arbeiten auf dieser Stufe. Das Erkennen unserer Bedürfnisse ist auf der fünften Stufe der Schlüsselerfolgsfaktor per se, denn ohne dass wir unsere Bedürfnisse klar erkennen, können wir sie auch nicht erfüllen. Erst wenn wir es geschafft haben, uns selbst zu realisieren und unsere eigenen Bedürfnisse zu leben, sind wir bereit, anderen zu helfen, ihre Bedürfnisse zu verwirklichen. (Ganz so sequentiell ist es im richtigen Leben nicht, da wir uns auf der Maslowschen Pyramide munter nach oben und unten bewegen, je nachdem was im Moment ansteht.)

Echte und Ersatzbedürfnisse unterscheiden!

Die grossen und wesentlichen Bedürfnisse der Menschen, wie zum Beispiel das Bedürfnis nach Liebe, nach Gesundheit oder nach Weisheit, lassen sich nicht immer so leicht befriedigen. Intensive Arbeit, langwieriges Sich-damit-Befassen, Geduld und Demut sind angesagt. Manchmal sind wir gefordert, unsere Machtlosigkeit zu akzeptieren und geduldig auf günstigere Gelegenheit zu warten. Manchmal übersteigen die Bedürfnisse unsere (gegenwärtigen) Möglichkeiten und es gilt, die Grenzen zu akzeptieren. Was tun wir? – Wir greifen zu Ersatzlösungen! «Candy store solutions» in Englisch.

Das heisst, wir befriedigen unsere Bedürfnisse auf eine einfachere und billigere Weise, indem wir uns mit Dingen belohnen, die ohne Umstände zu haben sind. Die Schokolade- und Schmuckindustrie leben davon, aber auch die Unterhaltungsbranche und ein grosser Teil der Textil- und Autoindustrie. Es geht um Konsum oder «Retail Therapy». Der Vorteil dieser kurzfristigen, leichten Bedürfniserfüllung liegt auf der Hand; ihr Nachteil: Sie ist nicht nachhaltig und kann sogar abhängig und süchtig machen. Unerfüllbare, schwer zu realisierende Bedürfnisse auszuhalten, braucht Disziplin, Geduld, Ausdauer, Kraft und langfristige Zielorientierung – alles Elemente emotionaler Intelligenz.

Das Klischee stimmt …

Kürzlich durfte ich eine Gruppe hochrangiger Managerinnen der Finanzdienstleistungsbranche coachen. Was mir an ihnen zuerst auffiel, waren die grossen, hochweissen, lupenreinen, perfekt geschliffenen Diamanten, die Ohren, Hals, Finger und Armgelenke zierten. Sie passten ideal zu den arrivierten Damen und schienen deren Qualitäten zu spiegeln. Das Zweite war die Haarfarbe, die fast ausschliesslich platinblond war. Die schlanken Figuren in teuren schwarzen Hosenanzügen, weisse Blusen und Pumps schienen ebenfalls normiert, wie auch die sorgfältig gepflegten Gesichter (Augenbrauen schwarz und winkelgenau gezupft) und Hände (unauffälliger Nagellack, french). Doch lebten diese Powerfrauen mit ihren siebenstelligen Gehältern ihre Bedürfnisse? Standen sie wirklich zu sich und ihren Prinzipien? Was waren denn die Bedürfnisse dieser Damen? Spürten sie sie? Getrauten sie sich, zu ihren Bedürfnissen zu stehen? Sicher geniessen sie eine hohe Akzeptanz in der Gesellschaft! Sie haben es geschafft und sind da, wo viele hin wollen. Sicher haben sie auch einen grossen Teil ihres Lebens im Griff! – Sie führen, sie haben Einfluss, sie entscheiden. Bestimmt sind sie auch freiwillig da, wo sie sind, denn sie könnten jederzeit aussteigen. Aber wie erklären wir uns diese hohe Anpassung und Normierung? Ist sie der Preis, um «mitspielen» zu dürfen? Sind die Insignien der Macht und des Erfolgs das Ziel oder die «Candy store solutions»? – Oder möchten diese Frauen einfach akzeptiert werden, Teil sein von etwas Erfolgreichem oder zur Elite gehören?

Diese Frage stelle ich mir auch bei Charity-Projekten und Non-Profit-Unternehmungen: Wozu dienen sie? Worum geht es wirklich?

Viele Menschen und Organisationen haben sehr viel erreicht, sodass sie einen grossen Wunsch empfinden, etwas zurückzugeben und anderen zu helfen. Einige suchen darin einfach Akzeptanz … Dafür ist das, was wir für andere tun, sehr geeignet, nur selbstlos ist es nicht. Doch stärkt uns das, was wir für andere tun, noch weit mehr, als das, was wir für uns selbst tun (solange wir auch für uns selber sorgen), denn was wir für andere tun, das kommt mehrfach zu uns zurück. Indem wir Dinge gemeinsam erarbeiten, indem wir «stakeholderorientiert» agieren, indem wir für die Gemeinschaft optimieren, schaffen wir nicht nur Resultate, sondern auch Goodwill und Wohlbefinden. (Ein kürzlich durchgeführtes Forschungsprojekt hat gezeigt, dass Menschen, die vorgängig ein positives Erlebnis hatten, viel gewillter sind, anderen zu helfen, als Menschen, die vorgängig ein negatives Erlebnis hatten.) Wenn wir helfen, dass es der Gesamtheit besser geht, dann geht es auch uns selbst – als Teil

> *«Wenn wir ganzheitlich denken und agieren, dann werden wir zur Quelle von Glück.»*

dieser Gesamtheit – besser. Wenn wir die Gemeinschaft an unserem Erfolg teilhaben lassen, dann haben wir auch weniger Neider. Wenn wir ganzheitlich denken und agieren, dann werden wir zur Quelle von Glück, Freude und Wohlstand, was uns weit mehr gibt, als was wir gegeben haben. So ein Zitat des Dalai Lama: «If you want others to be happy, practice compassion. If you want to be happy, practice compassion.» (Willst du andere glücklich machen, praktiziere Mitgefühl. Willst du glücklich sein, praktiziere Mitgefühl!)

Herausragen! Alles andere ist Beilage

Wie Sie mehr aus Ihrer Karriere machen können, und weshalb es sich lohnen kann, sich nicht anzupassen

Immer lauter wird der Ruf nach «USPs» (Unique Selling Propositions) und immer höher werden die Anforderungen an Einzigartigkeit. Bei 7,9 Milliarden Menschen auf der Welt ist es allerdings «anspruchsvoll», einzigartig zu sein, und doch: Menschen, die um einiges komplexer sind als Schneeflocken, sollten das schaffen! Der japanische Parawissenschafter Masuru Emoto hörte in den 1970er-Jahren, dass es keine zwei identischen Schneeflocken gebe, und, weil Forscher halt so sind, wollte er das genauer erforschen und, wenn möglich, den Gegenbeweis antreten. Zwanzig Jahre und Zehntausende von Schneeflockenphotos später konnte er dann bestätigen: Es gibt keine zwei identischen Schneeflocken, wie es auch keine zwei identischen Menschen gibt. Trotzdem sehen sich viele der Schneeflocken recht ähnlich, und es gibt auch Grundstrukturen, die identisch sind: Zum Beispiel haben sie immer sechs Arme. So hat also jede Schneeflocke bei ähnlichen Mustern ihr Alleinstellungsmerkmal oder ihren «USP». Bei grösseren Konferenzen mit hohem Frauenanteil ist das gar nicht so anders: vorherrschend Platinblond, BMI 21,5, schwarzer Hosenanzug, gepflegtes Make-up, Schuhe mit Absätzen, helle Bluse und teurer, dezenter Schmuck … dann viele «Kopien»: gefärbt platinblond, BMI 24, der Rest ähnlich. Zu Brünett oder Grau zu stehen, braucht offensichtlich schon Mut; Farbe zu tragen, wäre bereits verwegen und kommt deshalb fast nicht vor. Alles Schneeflocken, und doch jede einzigartig, was man aber erst im Gespräch merkt. Was bloss bringt uns dazu, uns dermassen zu normieren und anzupassen?

Evolutionstheoretisch ist es besser, einer Gruppe anzugehören, als sich abzuheben. Wir haben also zwei Trends: Einerseits wollen wir uns abheben von der Gruppe, um aufzufallen, anderseits wollen wir uns anpassen, um nicht Zielscheibe zu werden, um so die besseren Überlebenschancen zu haben. Marcel Ospel, der frühere und nicht mehr so angesehene UBS-Chef drückte das treffend so aus: «In meiner Position muss man sich daran gewöhnen, die Pissoirwand der Nation zu sein.» Mit anderen Worten: Wer bekannt ist, der wird auch angegriffen. Wer herausragt, über den werden Meinungen am Stammtisch gebildet, der wird beurteilt und verurteilt, wie es der Masse halt grad passt. In der Tierwelt ist es heute noch so, dass Mitglieder einer Sippe oder eines Rudels, die ausgestossen werden, ein ziemlich gefährliches und in der Regel kurzes Leben führen. Auch die jüngere Neurobiologieforschung bestätigt, dass Langlebigkeit und Status eng miteinander verknüpft sind. Ohne Akzeptanz und Zuwendung können wir nicht überleben, und so können wir die starke Anpassung auch in Gruppen von Jugendlichen beobachten, die sich gleichförmig verhalten, um dazuzugehören (Edelmarken und Apple freuen sich!). Wo bleibt da der USP?

Ob es folglich ein Vorteil ist, einen USP zu haben, da sind sich die Wissenschafter gar nicht so einig! Entscheidungstheoretisch kann es sogar ein Nachteil sein, denn wir entscheiden uns eindeutig leichter, wenn wir vergleichen können. Vergleiche ziehen ist etwas, was das Hirn dauernd macht. Der Wirtschaftsprofessor Ernst Fehr verweist auf Experimente, welche beweisen, dass wir seltener das teuerste Produkt als das zweitteuerste Produkt kaufen, wobei wichtig ist, dass die beiden hochwertigen Produkte klar abgesetzt sind von einem dritten, eindeutig billigeren Produkt. Vergleichbar sein gilt auch in Bezug auf Sympathie gegenüber Menschen: Es ist also besser, Sie gehen nicht allein auf den «Beziehungsmarkt», sondern in Begleitung von zwei Personen: einer ähnlichen, die jedoch weniger attraktiv ist, und einer zweiten, die ganz

> *«Freunden Sie sich mit einer Ihrer verachtenswerten Seiten an.»*

anders ist. So haben Sie am meisten Chancen, angesprochen respektive gewählt zu werden.

Schauen wir nun mal Familienkonstellationen an: Oft übernimmt das erstgeborene Kind die Rolle des Musterkindes, es ist also angepasst und liebenswürdig und macht, was es soll. Die Rolle des zweiten Kindes – das ja auch seinen USP haben will – ist also die des Problemkindes, das heisst, psychische Auffälligkeiten oder unangepasstes, für die Umwelt demzufolge problematisches Verhalten sind zu erwarten. Übernimmt das erste Kind diese Rolle, dann kann das zweite Kind die positive Rolle des Musterkindes übernehmen. So haben die meisten Familien oder Gruppen ihr «Schwarzes Schaf», was jedoch durchaus systemisch bedingt ist und so gesehen Sinn macht.

Es scheint also, dass sich nur leisten kann, einen USP zu haben, wer selbstbewusst und selbstsicher ist, wer sich selbst mag und wer einen guten Rückhalt hat. Wenn wir uns erst zur «Trendsetterin» gemausert haben, dann werden unsere USPs tausendfach kopiert und – da eine Kopie immer schlechter ist als das Original – wird der Trendsetter berühmt, begehrt und gefeiert. So weit unser Wunschbild. Sollte unser USP jedoch nicht positiv aufgenommen werden – er wäre dann eher eine «Unique Stinking Proposition» –, dann wird es allerdings schwierig, denn das hat in der Regel den Ausschluss aus der Gruppe oder mindestens Verachtung und Ablehnung zur Folge. Das ist über längere Zeit für die meisten Menschen schwierig auszuhalten. Auch kann es sein, dass wir uns aufgrund unseres USP einen Nachteil verschaffen. So zum Beispiel könnten Sie sich den USP schaffen, mit allen Menschen gut auszukommen. Wen glauben Sie, würde man dann in das Zweierbüro mit der unmöglichsten Person im Betrieb setzen? Oder Sie werden bekannt als äusserst durchsetzungsfähige Saniererin. Was für Jobs werden Sie dann kriegen? Dass USPs nicht immer das bringen, was wir von ihnen erhoffen, beschreibt die folgende Geschichte:

Eine Studentin ging eines Tages joggen im Wald. Da sah sie auf der Strasse einen kleinen Frosch, und weil sie wusste, dass Amphibien auf der Strasse von rücksichtslosen Autofahrern gnadenlos überfahren werden, hob sie ihn auf und wollte ihn eben ins Gebüsch neben der Strasse setzen, als ihr der Frosch zuflüsterte: «Küss mich, ich bin ein verwunschener Prinz!» Sie dachte, sie höre wohl nicht richtig, und betrachtete den Frosch irritiert. Und wieder hörte sie diese Stimme und sah, wie der Frosch das Maul bewegte und sie wiederum aufforderte, sie zu küssen. «Du wirst in einem schönen Schloss wohnen, nur noch Gucci-Klamotten tragen, wir werden jeden Tag Sex haben, du wirst Porsche fahren und erster Klasse in den Urlaub fliegen … Du wirst es nicht bereuen!» Da steckte sie den Frosch in die Tasche und joggte weiter. Nach einer Weile fragte der Frosch genervt: «Nun, was ist: Wird jetzt geküsst oder nicht?» Sie nahm den Frosch aus der Tasche und meinte: «Weisst du: Prinzen gibt es einige, aber ein sprechender Frosch! …»

Sollten Sie sich jedem Ratschlag zum Trotz dennoch einen USP zulegen wollen, dann gehen Sie wie folgt vor:

1. Betrachten Sie Ihre ungeliebten Seiten und Aspekte. (Vergessen Sie die Aspekte an sich, die Sie mögen und bewundern, denn die sind schon millionenfach besetzt.)
2. Überlegen Sie, in welchem Umfeld und in welchen Situationen Ihre schlechten und hässlichen Seiten ein absoluter Vorteil sind. (Denken Sie daran: Die besten Taschendiebe erhalten Zirkusengagements, die faulsten Kollegen haben am wenigsten zu tun und die rüdesten Abzocker werden Millionäre.)
3. Freunden Sie sich mit einer Ihrer sogenannten verachtenswerten Seiten an.
4. Begeben Sie sich in das Umfeld, in welchem genau diese Seite ein Vorteil ist, und bauen Sie sie aufs Allerbeste aus.
5. Arbeiten Sie konsequent an Ihrem «Brand», aber immer so, dass Sie die positiven Auswirkungen Ihrer sogenannten Schwäche im Fokus behalten und damit Nutzen schaffen.

Die anspruchsvollere Variante, einen USP zu kreieren, wäre, dass Sie sich zum «Game changer» durchkämpfen, das heisst, dass Sie innovativ werden. Dazu bräuchten Sie allerdings eine überzeugende Idee, die vor Ihnen noch niemand gehabt oder zumindest noch nicht publiziert hat, denn nur die Künstler, Musiker und Wissenschafter werden wirklich berühmt, die etwas hervorbringen, was es vorher noch nicht gab. Dabei ist es weniger wichtig, ob es «schön» ist – denn das ist eh nur Volksmeinung und nicht Expertenurteil –, sondern dass es ungewohnt und absolut neu ist. Sollten Sie das geschafft haben, dann hätten Sie Ihren USP als Urheber dieser Innovation erreicht. Es gibt den Spruch: «The early bird catches the worm, but the second mouse gets the cheese.» (Der erste Vogel fängt den Wurm, aber die zweite Maus bekommt den Käse.) Seien Sie also vorsichtig mit Durchbrüchen und USPs, denn der Schuss könnte auch nach hinten losgehen. Als Nachahmer und Kopist ist Ihr Leben zwar eindeutig langweiliger, aber Sie sind immerhin in grösserer, wenn auch nicht in besserer Gesellschaft.

Wie Sie sich erfolgreich von Headhuntern jagen lassen

«Be nice to headhunters, when you do not need them», sagte mir einmal ein prominenter Vertreter seines Fachs … «Knüpfen Sie frühzeitig gute Kontakte zu Headhuntern, nicht erst, wenn Sie sie brauchen», sagte ein Berufskollege, ebenfalls einer der ganz erfolgreichen Executive Searchers der Schweiz.

Hunter – also Jäger – wollen jagen. Sie wollen Sie nicht reglos auf dem Serviertablett, sie wollen Sie hunten! Headhunter arbeiten für das Unternehmen, das sie beauftragt und bezahlt, und nicht für die Hunderte von möglichen Kandidatinnen und Kandidaten, die ihnen ihr CV senden. Das frustriert Letztere zuweilen. Sollten Sie aber eine gute Beziehung haben zur einen oder anderen Executive-Searcherin, dann könnte es durchaus sein, dass sie Ihnen einen Gefallen tut und Sie einem Unternehmen vorstellt, falls es ideal passt. Wie also schaffen Sie es, ins Beuteschema der Headhunter zu kommen?

ONE
Machen Sie Ihre Hausaufgaben!

Drei Fragen sollten Sie in Sekundenschnelle beantworten können: Wer bin ich? Was kann ich? Was will ich? Wer kein Ziel hat, ist immer am richtigen Ort. Falls Sie weniger «zen» sind, dann gilt es, sich zu überlegen, wohin Sie wollen. Bevor Sie mit einem Headhunter sprechen, sollten Sie dies ziemlich genau wissen, denn er hat weder die Zeit noch die Geduld, um das für Sie herauszufinden. Wenn der Headhunter versteht, was Sie wollen, dann kann er mental seine Mandate durchgehen und entscheiden, ob Sie passen. Dann kommt unmittelbar die Frage: Würden Sie in dieser Position auch erfolgreich sein? Berechtigen Sie Ihre bisherigen Leistungsausweise für diese Position? Was können Sie folglich an Beweisen vorbringen, welche der Executive-Searcherin die Sicherheit geben, keinen Fehler zu machen, wenn sie Sie für eine bestimmte Position vorschlägt? Wenn Sie wissen, was Sie können, dann schätzen Sie sich auch richtig ein. Wer sich genau kennen will, analysiert seine Erfolge und Resultate sorgfältig, reflektiert Talente und Verhalten und holt häufig Feedback ein. So spüren Sie immer schneller und genauer, wer Sie sind, was Sie können und was nicht.

TWO
Werden Sie sichtbar!

Es gibt viele tolle Frauen und Männer, die nie auf den Radar eines Headhunters kommen. Sie arbeiten zwar fleissig und erfüllen die in sie gesetzten Erwartungen. Sie helfen ihren Kolleginnen und Kollegen. Sie sind geschätzte Mitarbeitende, aber sie kommen einfach nicht so recht vom Fleck, obwohl alle mit ihnen zufrieden sind. Dieser Falle entkommen Sie, indem Sie auffallen und bekannt werden. Netzwerken Sie! Gehen Sie da hin, wo die Headhunter auch sind: zu Anlässen mit hochkarätigen Rednern, in Verbände, Vereine und Clubs, welche erfolgreiche Menschen mit überdurchschnittlichen Leistungsausweisen anziehen. Gehen Sie an Konferenzen, in Seminare, zu Firmenanlässen, Wirtschaftsveranstaltungen und politischen Versammlungen der Extraklasse! Seien Sie sich bewusst, dass es nicht nur Weiterbildung, sondern auch Kontakte braucht, um weiterzukommen! Investieren Sie nicht nur in Schönheit und Fitness, sondern auch ins Dabeisein, nämlich da, wo die Musik spielt. Wenn Sie hochkarätiges Wissen, spezielle Kenntnisse und Erfahrungen haben, dann halten Sie Vorträge und publizieren Sie Artikel! Treten Sie an die Öffentlichkeit! Pflegen Sie nicht nur sich, sondern auch Ihren Brand!

THREE
Seien Sie hilfsbereit!

Kleine Geschenke erhalten die Freundschaft, kleine Hilfestellungen das Netzwerk. Lassen Sie sich ein bisschen ausnutzen und eröffnen Sie so ein «Goodwill»-Konto bei den Menschen, die mit Ihnen in Kontakt sind. Manchmal sucht der Headhunter Ideen und nicht Sie – geben Sie ihm Ideen und Namen, er wird dankbar sein für gute Tipps und sich an Sie erinnern. Gute Netzwerkpartner geben, helfen, unterstützen und teilen. Nichts Tristeres als ein Netzwerk, in dem jeder nur holen will – es überlebt nicht lange. Jede(r) hat etwas zu geben, und Netzwerke leben vom Austausch, genau wie die Märkte auch.

FOUR
Bleiben Sie professionell!

Je schneller Sie die Erfolgsfaktoren in einer Position erkennen, desto schneller haben Sie auch Erfolg, weil Sie sich auf das Richtige konzentrieren. Neudeutsch «key performance indicators» (Schlüssel-Leistungs-Indikatoren) zeigen Ihnen, wo Sie punkten können. Holen Sie die Erwartungen von Vorgesetzten und Kunden ab, lassen Sie sich dazu die konkreten Erkennungsmerkmale geben und schon haben Sie Ihren «KPI». Das Bonmot «Der Arbeiter arbeitet und der Chef scheffelt» drückt nicht zuletzt auch die Wahrheit aus, dass messbare, sichtbare und relevante Leistung höher bewertet und bezahlt wird als das harte Arbeiten an und für sich. Fachkräfte fokussieren auf Leistungserstellung, Managerinnen fokussieren auf Nutzen und Resultate und optimieren diese, das heisst, sie werden erst aktiv, wenn sie wissen, was der beabsichtigte Nutzen oder das erwünschte Resultat sein soll. «Rather work smarter than harder» (besser intelligenter als härter arbeiten) bedeutet, sich auf das zu konzentrieren, was gemessen und belohnt wird. So kommen Sie zu Leistungsausweisen, die sich sehen lassen und gesehen werden.

FIVE
Gewinnen Sie im Interview!

So erhöhen Sie Ihre Chancen auf Fortsetzung des Bewerbungsprozesses:

- Seien Sie sich bewusst, dass das Interview ein Verkaufsgespräch und keine Beichte ist. Erzählen Sie von Ihren Stärken und Erfolgen und allem, was Sie attraktiv macht für den ausgeschriebenen Job.
- Je wohler sich Ihr Gesprächspartner mit Ihnen fühlt, desto besser wird er Sie und das Interview in Erinnerung behalten. Achten Sie auf die Chemie: Seien Sie positiv und entspannt; lächeln Sie und zeigen Sie Wertschätzung.
- Fassen Sie sich kurz. In der Regel reichen zwei bis drei Sätze für eine Antwort. Damit bleiben Sie im Dialog und behalten das Interesse und die Aufmerksamkeit Ihres Gegenübers.
- Sprechen Sie positiv über Ihre Vergangenheit und Ihr Umfeld.
- Formulieren Sie Ihre Sätze positiv (z. B. «Ich erledige meine Arbeit termingerecht» anstelle von «Ich liefere nicht zu spät ab»).
- Wenn Sie aufgefordert werden, von Schwächen und Misserfolgen zu sprechen, dann enden Sie damit, was Sie daraus gelernt haben, wie Sie Schwachpunkte kompensieren und warum Ihnen solche Fehler nicht mehr passieren.
- Sagen Sie, wenn möglich, nie «nein», es sei denn, Sie wollen sich abgrenzen. Suchen Sie Parallelen und Ähnlichkeiten, die Sie einbringen können.
- Seien Sie ehrlich. Gehen Sie nach dem Grundsatz «Alles, was ich sage, ist wahr». (Sie müssen aber auch nicht alles sagen, vor allem dann nicht, wenn Sie nicht gefragt werden.)
- Versuchen Sie ab und zu, das Interview mit intelligenten Fragen zu drehen. Dabei sollten Sie beitragsorientierte und keine Bedürfnisfragen stellen.
- Stellt der Interviewer Fragen, hinter welchen eine Präferenz steht, dann holen Sie diese zuerst mit einer Gegenfrage ab.
- Vermeiden Sie es, im ersten Gespräch über das Gehalt zu sprechen.

Je lockerer und entspannter Sie im Bewerbungsprozess bleiben, desto attraktiver sind Sie für Headhunter. Machen Sie es ihm/ihr einfach, Sie als die beste Kandidatin zu identifizieren, indem Sie Ihre Stärken zeigen, aber nicht aufdrängen. Indem Sie sich interessiert und offen geben, aber keinen Druck machen. Indem Sie wertschätzend und zuverlässig bleiben, auch wenn es mal nicht so läuft, wie Sie's gerne hätten, denn es gibt immer eine weitere Möglichkeit.

Markenschutz: Pflegen Sie Ihren Brand?

Wie Sie aus sich selbst eine Marke kreieren und wie Sie davon profitieren können.

Viele Frauen – und nicht wenige Männer – achten weniger auf ihren «Brand» (hier also Bräänd, nicht Brand!) als auf ihre Haarfarbe. Dabei braucht es Jahre, um eine Marke (eben den «Bräänd») aufzubauen, aber nur Minuten, um sie zu zerstören.

Marke ist mehr als einfach nur der Ruf oder neudeutsch die Reputation. Was für Firmen und Produkte das wichtigste Instrument im langfristig erfolgreichen Marketing ist (und für das sie auch teuer bezahlen), das sollte Ihnen doch nicht so billig sein! Aber Hand aufs Herz: Was haben Sie in den letzten Jahren aktiv für Ihren Brand gemacht? Wie haben Sie die Marke «Ich» aufgebaut und gepflegt? – Oder gehören Sie ebenfalls – willkommen im Club! – zu den Damen und Herren, die ihren Markenauftritt den teuren Kleidern, Accessoires und einem gepflegten Aussehen überlassen? Oder gehören Sie zu den wenigen Glücklichen, die bereits Brand sind, ohne dies je so beabsichtigt zu haben? Für alle anderen nachfolgend ein kurzer Leitfaden mit zehn Tipps, wie Sie Ihren Brand bauen respektive optimieren können.

1. Was sind Sie – und was sind Sie nicht?

Das Erste, was Sie im Aufbau Ihrer Marke überlegen sollten, ist Ihre grundsätzliche Identifikation. Heisst: Sie brauchen Ecken, Kanten, Grenzen und Leerraum. Sie können nicht alles ein bisschen sein – so bauen Sie keine Marke. Sie sind das Eine und das Andere ganz klar nicht. Die Sowohl-als-auch-Profile funktionieren vielleicht für die sprichwörtlichen grauen Mäuse, aber nicht für Sie als einzigartige Marke, es sei denn, Ihre Marke wäre ganz klar «me too». Getrauen Sie sich, Stellung zu beziehen und sich ein Profil zu geben. Das hingegen will sorgfältig überdacht sein, denn so leicht werden Sie Ihr Image auch nicht mehr los. Oder haben Sie das YouTube-Filmchen «Seven thinking steps» noch nicht gesehen? Gehen Sie in sich und forschen Sie nach dem «Wer bin ich?» respektive nach dem «Wer will ich sein?» und verfolgen Sie dann diese auserwählte Identität kompromisslos.

2. Was ist Ihre Markenaussage?

Sobald Sie Ihre Wunschidentität – und damit Ihren gewünschten Brand – gefunden haben, geben Sie dieser ein Profil; das heisst, Sie schaffen in Ihrer Vorstellung eine Person mit allen Eigenschaften und Accessoires, welche diesen Brand ideal verkörpert und als eigentliches Symbol dafür steht. Sie brauchen somit DIE Markenaussage für Ihre Person. Am besten orientieren Sie sich dafür an den Slogans, welche hochwertige Marken für sich entwickelt haben: so etwa ein Kleidergeschäft: «Für die wenigen Privilegierten»; oder eine Automarke: «Vorsprung durch Technik», oder ein Kosmetikunternehmen: «Weil ich es mir wert bin». Sie brauchen ja nicht gerade den Slogan für das ultimative Putzmittel zu nehmen: «Kein Dreck schreckt ab».

3. Was verbinden Sie mit Ihrer Aussage?

Mit Ihrer Markenaussage verbinden sich ganz unwillkürlich spezifische, nicht verwechselbare Eigenschaften. Das heisst, wenn Sie die Markenidentität für sich einmal gefunden haben, dann gilt es, diese auszubauen. Wenn Sie «Cougar-Woman» sein wollen, dann überlegen Sie sich besser vorher, was denn in den verschiedenen Zielgruppen mit diesem Image verbunden wird. Die Grundaussage ist ja nichts anderes als ein Auf-den-Punkt-Bringen von ganz vielen Charakteristiken, Eindrücken, Versprechen, Absichten und Atmosphären. Holen Sie Feedback ein, um die Reaktionen in Ihrem Freundeskreis zu testen. Sollten Ihre Bekannten einen Lachanfall kriegen, wenn Sie ihnen mitteilen, dass Sie «Cougar-Woman» sind, dann haben Sie möglicherweise die falsche Markenaussage gewählt.

4. Sind Sie stimmig?

Nun gilt es, die Marke gezielt aufzubauen. Nehmen wir an, Sie haben «kühle Eleganz» gewählt, dann sollten Sie nicht zu anhänglich sein und auch keine Szenen liefern, sollte Ihr Angebeteter sich mal nicht so schnell melden, wie Sie sich das gewünscht oder vorgestellt haben. Auch sollten Sie Ihren Arbeitsplatz entsprechend gestalten oder zumindest gut aufräumen und eine clean desk policy verfolgen. Das Einzige, was auf Ihrem Bürotisch – vorzugsweise aus Glas – etwas zu suchen hätte, wäre dann zum Beispiel eine singuläre Calla in Silbervase, und Ihr Handy wäre nicht rosa oder türkis, sondern schwarz oder silber. Ihre Mails enthielten keine Grammatikfehler und keine Abkürzungen, und Einladungen zum Essen würden nachträglich verdankt. An der Wand hingen keine dummen, abgegriffenen Sprüche, sondern eher eine Kunstphotographie – möglichst schwarz-weiss. Kurzum, was immer Sie tun und sagen, trüge einen Hauch von kühler Eleganz in sich, sodass sich das nach und nach in Ihrem Umfeld niederschlüge.

5. Haben Sie Ausdauer?

Dass so ein Markenaufbau nicht in wenigen Tagen geht, ist selbstredend: Markenaufbau dauert Jahre! Nur wenn Sie Ihre Marke konsequent und stilsicher über lange Zeit aufbauen und pflegen, werden Sie glaubhaft. Die grossen Marken unserer Zeit sind teilweise mehr als hundert Jahre alt. Je schneller und konsequenter Sie also anfangen, Ihre Marke zu bauen, desto grössere Chancen haben Sie, so wahrgenommen zu werden, wie Sie es möchten.

6. Sind Sie authentisch?

«Fake it till you make it!», sagte nicht nur Estée Lauder. Authentisch sind wir dann, wenn wir mit uns im Reinen sind und wenn das, was wir tun und sagen, mit dem, was wir im Innersten denken und wollen, übereinstimmt. Wir sind ja nicht einfach, was wir sind. Wir sind das, zu dem uns unsere Wünsche, Ängste und Erfahrungen gemacht haben. Lebewesen haben diese wundervolle Eigenschaft, dass sie sich stets verändern können – und von dieser Möglichkeit sollten wir häufig Gebrauch machen. Die Marke verpflichtet, aber wir bauen die Marke nach unserem tiefsten Wesen und unserem höchsten Bewusstsein. So trägt uns unsere Marke durch schwierige und unsichere Momente.

7. Grenzen Sie sich gut ab von der Konkurrenz?

Eine Marke hat immer Alleinstellungsmerkmal. Was immer an Ihnen Kopie ist, taugt nicht als Marke. «Me too» ist keine gute Strategie und mit Sicherheit schlechter als das Original. Sie sind ein Original! – Also arbeiten Sie die entsprechenden Alleinstellungsmerkmale sorgfältig heraus; genau wie ein Karikaturist in seinen Zeichnungen die unverwechselbaren und typischen Gesichtszüge betont, sollten Sie das Einzigartige an Ihrem Wesen und Charakter in den Vordergrund bringen.

8. Was ist Ihr Markenzeichen?

Es hilft, wenn Sie in Bezug auf Ihre Marke mit Symbolen arbeiten. Dinge, die auffallen und mit Ihnen verbunden werden. Seien Sie «die Grosszügigkeit selber»; seien Sie die Schmucktante, der Tauchfreak oder so pünktlich, dass man nach Ihnen die Uhr richtet. Wenn Sie zu gross sind, dann stehen Sie zu Ihrer Länge und setzen Sie sie bewusst ein. Wenn Sie zu dick sind, dann stehen Sie zu Ihrer barocken Üppigkeit oder nehmen Sie ab. Setzen Sie humorvoll als Markenzeichen ein, was Sie nicht ändern können, anstatt es zu verbergen oder zu misrepräsentieren. So hatte ein Mann, der mit Nachnamen «Mückenhirn» hiess, auf seiner Visitenkarte eine übergrosse Stechmücke als Hintergrundzeichnung.

9. Checkpoint: Bringt Ihre Marke, was Sie sich erhofft haben?

Wenn Ihre Marke mit Ihren Absichten in Einklang steht, merken Sie das daran, dass Sie Erfolg haben und zufrieden sind. Sollten Sie des Öfteren das Gefühl haben, im falschen Film zu sein, dann tragen Sie mit Sicherheit das falsche Kostüm. Es ist für den Torero nicht klug, einem Tierschutzverein beizutreten, und so sollte sich die seriöse Geschäftsfrau an der Weihnachtsparty auch nicht als Femme fatale aufführen. Umgekehrt soll sich die Femme fatale auch nicht wundern, wenn sie nicht als Abteilungsleiterin vorgeschlagen wird oder ihr, sollte sie es trotzdem geschafft haben, – selbstverständlich völlig unberechtigterweise – Affären unterstellt werden. Auch Marken können ihre Downside-Risiken haben …

10. Re-vamp: Wie erneuern Sie Ihre Marke stilsicher?

Die grossen Marken passen ihren Auftritt von Zeit zu Zeit den Trends an. Unauffällig und stilvoll, aber doch. Der Zeitgeist ändert sich, der Geschmack auch, Ihr Alter ebenfalls und vielleicht auch Ihre Überzeugungen und Ihr Umfeld. Geben Sie sich nicht Knall auf Fall eine neue Identität, sondern überführen Sie Ihre bestehende behutsam und sorgfältig, Schritt für Schritt in Ihre neue Marke. Drastische Veränderungen verunsichern, während der bewusste Wandel Sie interessant und attraktiv hält.

11. Der kleine Stilbruch, der Sie sympathisch macht …

Der Bonustipp: Versuchen Sie auf keinen Fall, perfekt zu sein! Was für Menschen gilt, gilt vielleicht nicht für Markenstrategien, aber es macht Sie einfach liebenswerter und echter, wenn Sie sich zwischendurch mal einen kleinen Ausrutscher leisten. Lernen Sie, über sich selbst zu lachen, und nehmen Sie sich nicht gar so tierisch ernst. Machen Sie zwischendurch auch einfach einmal das, was Ihnen Spass und Freude macht – Marke hin oder her.

Viele Wege führen nach Rom ... und an die Spitze auch!

Zugegeben, was folgt, ist etwas stereotyp, doch es ist manchmal einfacher, das Wesentliche anhand einer Karikatur statt am Original zu erkennen. Mittlerweile haben es doch einige Frauen in Wirtschaft und Politik an die Spitze geschafft – nicht alle dieser Damen befürworten übrigens die Quote – und so lassen sich langsam auch gewisse Muster erkennen, wie sich die «glass ceiling», die ganz offensichtlich nicht für alle gilt, allenfalls doch durchbrechen lässt.

Lassen Sie uns dazu einige Karrieremodelle aufzeigen, die sich durchaus kopieren lassen. Dabei ist allerdings Vorsicht geboten, denn wenn Ihr Weg so klar und deutlich vor Ihnen liegt, dann ist es wahrscheinlich nicht Ihr Weg, denn diesen müssen Sie sich erst bahnen. Unser persönlicher, einzigartiger Weg entsteht nämlich erst, indem wir ihn gehen, und ist so nicht vorgezeichnet. Somit sind alle Wege, die es schon gibt, Wege, welche andere Frauen und Männer gegangen sind, damit höchstens Muster, nicht aber Autobahnen für Karrieren. Fangen wir mit dem gefürchtetsten aller Karrieremodelle an, dem, das viele der arrivierten Managerinnen für sich in Anspruch nehmen …

Modell «Hochleisterin»

Chapeau! – Sie geben einfach alles und machen es sich nicht einfach. Alles hundertprozentig zu machen, ist aus Ihrer Sicht nur etwas für Weicheier – Sie selber geben mindestens zweihundert Prozent, und zwar immer. Schon in der Schule haben Sie neben Ihren Topnoten noch Klavier-, Tennis-, Frühenglisch-, Reit- und Ballettstunden besucht und waren möglicherweise in den Hochbegabtenklassen zu finden. Sie lassen denn auch kein Diplom aus und achten sorgfältig darauf, dass Sie immer und überall gefordert werden. Überstunden gehören zum Tagesprogramm, klagen tun Sie erst bei über vierzig Extrastunden (pro Woche, nicht pro Monat!). Da Sie das meiste eh besser können als Ihre Mitbewerberinnen und Konkurrenten und erst noch jede Menge Extrameilen gehen, ohne zu murren und zu knurren, kann fast niemand mithalten. So räumen Sie Preise genauso ab wie Beförderungen und kommen weiter – immer weiter, bis zum Zusammenbruch, aber der könnte ja auch erst nach der Pensionierung stattfinden. Für die ganz Starken liegt auch noch Mutterschaft drin, so lässt sich auf einer zweiten Dimension noch etwas mehr Herausforderung – natürlich ebenfalls im Hochleistungsbereich – zuschalten.

- Vorteil: Sie holen alles aus sich heraus.
- Nachteil: Menschen wie Sie sind gute Kunden von Burn-out-Coaches.
- Sum up: Seien Sie ab und zu etwas nett zu sich selbst!

Modell «Häschen»

So hart zu arbeiten, ist nicht jedermanns Sache! Zum Glück gibt es Alternativen: Sie fangen als Sekretärin oder Kindermädchen an. Aufgrund der starken Sympathie Ihres Vorgesetzten oder Arbeitgebers, die manchmal zugegebenermassen nicht ganz jugendfrei ist, werden Sie schon bald bevorzugt behandelt und im Idealfall auch befördert. Vielleicht haben Sie auch die Fähigkeit, die Anforderungen in der neuen Position zu bewältigen, und schaffen es vielleicht sogar noch ein bis zwei Stufen höher. Ihr Beschützer und Förderer, der lieber Mentor genannt wird, sorgt dafür, dass Sie nicht gleich wieder von den erklommenen Stufen – mindestens solange die Sympathie anhält – verdrängt werden durch MitbewerberInnen, die sich für geeigneter halten. Im Idealfall werden Sie geheiratet und in Ausnahmefällen sogar Königin von England. Geniessen Sie's, wenn es natürlicherweise passiert! Falls es Strategie sein sollte, gibt es dafür auch noch andere Bezeichnungen.

- Vorteil: Sie schaffen Karriereschritte, von denen andere nur träumen können.
- Nachteil: Sie bekommen dadurch viele NeiderInnen.
- Sum up: Spätestens ab vierzig sollten Sie dieses Modell mit einem anderen ersetzen.

Modell «Erbin»

Ob vom Vater oder vom verstorbenen Ehegatten, ist egal: Hauptsache, Sie erben eine Firma, je grösser, desto besser. So sind Sie, ohne sich auf mühsame Weise qualifizieren zu müssen – wobei eine gute Ausbildung und etwas Erfahrung keinesfalls schaden –, CEO. Als Erbin können Sie auch nicht verdrängt werden: Den Posten haben Sie fix aufgrund der Familienzugehörigkeit bis zum gewählten Pensionsalter oder bis zum Tod. Stellen Sie aber auch sicher, dass Sie neben den vielen erbschleichenden Anwärtern und lächelnden Jasager-Schmeichlern doch noch ein paar solide, unbestechliche, geradlinige Berater und Manager finden, welche Sie dabei unterstützen, das Unternehmen länger zu halten als die im Casino gewonnenen Tausender. Sinnvoll ist bei diesem Modell, für Nachwuchs zu sorgen und diesen wiederum gut auszubilden, sodass auch die Karriere Ihrer Tochter oder Ihres Sohns gesichert ist. Sollten Sie mehrere Töchter und Söhne haben, lohnt es sich, dieses Modell mit einem oder mehreren anderen zu kombinieren, um aus der geerbten Firma ein Imperium zu machen, das mehrere Erbinnen und Erben in Würde ernährt.

- Vorteil: Ist ziemlich offensichtlich.
- Nachteil: Keiner, es sei denn, Sie heiraten den falschen Partner.
- Sum up: Sie haben einfach echt Schwein gehabt.

Modell «Kumpel»

Falls keines dieser Modelle Ihr Fall sein sollte, dann gibt es zum Glück noch andere Optionen. Beispielsweise hier nicht «der», sondern «die» Kumpel. Als Kind haben Sie Fussball gespielt und sind mit Jungs abgehangen. Sie sind der sportliche Typ und können nicht allzu viel anfangen mit Mode, Schminke, eleganter Wäsche und anderen Tussi-Utensilien. Sie fürchten auch keine Trink-Contests, denn Sie vertragen ziemlich viel – auch Härteres – und scheuen selbst vor Zigarren nicht zurück. Warum Sie so Karriere machen sollten? Ganz einfach: Die Männer merken möglicherweise nicht, dass Sie eine Frau sind, und befördern Sie ganz aus Versehen mit, denn wer schon einen Jagdschein hat, fliegt, segelt oder schnelle Autos fährt und so nebenbei den Printer repariert, den kann man doch nicht einfach zurücklassen …

- Vorteil: Die Männer nehmen Sie für ziemlich ebenbürtig und behandeln Sie auch so.
- Nachteil: Könnte Ihnen von den Anonymen Alkoholikern aufgezeigt werden.
- Sum up: Wenn's Spass macht, warum nicht?!

Modell «Nabel der Welt»

Sie sind einfach unentbehrlich! – Wo immer Not an der Frau ist, sind Sie zuvorderst. Wird ein Freiwilliger gesucht, dann melden Sie sich zuerst. Sie helfen jedem, jeder und immer. So lernen Sie zwar viel, werden ab und zu auch ausgenutzt, sind immer dabei und kriegen eine Unmenge an Zuwendung und Wertschätzung. Meistens haben Sie die Dinge bereits erledigt, bevor jemand nachfragt, denn Sie sind äusserst wahrnehmungsfähig und intuitiv. Nichts ist Ihnen zu viel, wenn es Ihnen nur Anerkennung bringt und/oder jemandem das Leben erleichtert. Wer wollte denn schon auf jemanden wie Sie verzichten! Früher oder später fällt es sogar der Personalabteilung auf, dass Sie eine gesuchte und geschätzte Frau sind im Unternehmen, und so kann es durchaus sein, dass Sie bis knapp unter die Spitze befördert werden.

- Vorteil: Sie werden nun wirklich von allen geschätzt!
- Nachteil: Sie könnten verbittern, falls sich die Strategie nicht auszahlt.
- Sum up: Suchen Sie einen ganz tollen, fähigen und starken Chef oder Chefin, der oder die Sie eine Karriere lang mitzieht.

Modell «Selfmade Woman»

Ganz zielstrebig gehen Sie voran. Sie wissen, was Sie wollen, und Sie wissen, wie Sie's erreichen können. Schon früh planen Sie Ihren Weg und setzen ihn Schritt für Schritt um. Sie leisten viel, aber nicht verbissen. Sie schauen weder nach links noch rechts, denn Sie wissen, dass die Starke meistens allein ist. So verlassen Sie sich weder auf andere noch auf Systeme. Sie bezahlen Ihr eigenes Handy, auch wenn Ihnen die Firma eines zur Verfügung stellen würde, und Sie fahren Ihren eigenen Wagen, auch wenn Sie über die Firma einen leasen könnten. Sie haben in der Schule nie abgeschrieben und Sie haben selten bis nie jemanden um einen Gefallen gebeten. Sie tragen Ihre schweren Koffer selbst und lassen sich weder von Männern noch von Frauen in den Mantel helfen. Auch Ihre Türen öffnen Sie selbst und Sie können sogar selber Schneeketten montieren, wenn es sein muss. Sie haben einen starken Gerechtigkeitssinn und legen Wert darauf, nur aufgrund Ihrer Leistung anerkannt zu werden und nicht aufgrund irgendwelcher intransparenter Faktoren. Das setzen Sie auch bei anderen voraus.

- Vorteil: Sie würden sogar die Paris-Dakar-Rally single-handed überstehen.
- Nachteil: Zum Dankesagen und zum Loben brauchen Sie einen dreiwöchigen Kurs.
- Sum up: Seien Sie sich bewusst, dass – auch wenn Sie's nicht gemerkt haben – ganz viele Leute Sie in Ihrer Karriere unterstützt und Ihnen die Steigbügel gehalten haben.

Ein Artikel, der kürzlich in der Harvard Business Review erschienen ist, macht zwei Dimensionen für eine nachhaltige Karriere verantwortlich: Kompetenz und Altruismus. So behaupten die Autoren, dass nur der, der fähig ist, es schafft, nachhaltig Karriere zu machen, und dass es nur dem, der sich auch um das Wohl anderer kümmert, gelingt, genügend gute Beziehungen aufzubauen und zu halten, die es erst ermöglichen, nachhaltig Wert zu schaffen (was für eine Karriere vorausgesetzt wird). So wird, wer gleichermassen fähig und altruistisch ist, mit Recht bewundert, fähige Egoisten jedoch werden beneidet (und im Extremfall sabotiert), unfähige Altruisten bemitleidet und unfähige Egoisten verachtet. Was immer also Ihr bevorzugtes Karrieremodell sein sollte – schalten Sie andere Modelle dazu, denn keines funktioniert im Alleingang so richtig gut. Achten Sie dabei auf Kompetenz und auf das Wohl Ihres Umfelds in allem, was Sie tun.

Warum sind Sie noch da?

In Zeiten der radikalen Umbrüche und der schnellen, kontinuierlichen Veränderungen, wie sie unsere Zeit im Moment prägen, ist es nur natürlich, dass die Passfaktoren ebenfalls schnell ändern. Heisst, wir sind in einem fortlaufenden Paradigmenwechsel, was dazu führt, dass unsere Werte, Fähigkeiten und Verhaltensmuster, die weit weniger schnell änderbar sind, als von aussen verlangt wird, durchaus von Erfolgsfaktoren zu Störfaktoren werden können. Was tun wir dagegen? Was könnten wir dafür tun?

Nehmen wir an, Sie haben vor drei Jahren eine Stelle angenommen als Marketingleiter in einem Tourismusunternehmen, das exklusive Reisen verkauft. Sie waren der Spitzenkandidat aus über hundert Bewerbern. Sie hatten sich so auf den Job gefreut, der sich für Sie wie der Jackpot-Gewinn anfühlte. Heute, drei Jahre später, schauen Sie zurück auf die Zeit, Ihre Ergebnisse und die Beziehungen. Nun ja, viel hat sich geändert in den nur knapp drei Jahren … Ihr Chef war nach zwei Monaten weg, sein Nachfolger nach weiteren elf Monaten. Sie sind jetzt einem Mitarbeiter der Schwesterabteilung unterstellt, mit dem Sie sich nicht sehr gut vertragen. Schlimmer: Es gibt keine Exklusivreisen mehr, dieser Teil wurde ausgelagert. Dafür sollten Sie jetzt Vertragspartner gewinnen für die IT-Plattform, was Sie nicht sehr prickelnd finden. Ausserdem war die Zeit von Sparübungen und Restrukturierungen geprägt, die Ihr Team von vierzehn auf drei Mitarbeitende schrumpfen liess, dito das Budget, das Sie verantworteten. Auch das Image des Unternehmens ist heute ganz anders als noch vor drei Jahren.

Warum also sind Sie noch da?

Solche und ähnliche Szenarien sind häufig anzutreffen. Wer selbstbestimmt sein will, der muss häufig wechseln, oder wie Christian Morgenstern sagte: «Wer sich selbst treu bleiben will, kann nicht immer andern treu sein.» Nun wäre also mal wieder eine Standortbestimmung angesagt! Reflexion macht aber nur dann Spass, wenn Sie sich selbst gegenüber gnadenlos ehrlich sind. Falls dies wider Erwarten der Fall sein sollte, dann werden Sie vielleicht zu folgenden Schlüssen kommen:

Ich bin noch hier, weil ich …

a) … Angst habe, etwas zu verändern, denn es könnte noch schlimmer kommen,
b) … zu faul bin, etwas zu verändern, weil das so mühsam ist und es hier ja gar nicht sooooo schlecht ist,

c) … nicht glaube, dass mir etwas Besseres zusteht, denn woanders ist es sicher auch nicht perfekt und ich bin ja gar nicht so top,

d) … nicht daran glaube, dass ich einen Job mit wirklich grossem Potenzial erfüllen könnte und folglich andere enttäuschen würde,

e) … hoffe, dass sich das mal wieder ändert und es hier wieder besser wird.

Auf den Punkt gebracht: Angst, Bequemlichkeit, Selbstwertmangel, Glaube und Hoffnung halten Sie da, wo Sie sind: nämlich in der Krise.

Wie wäre es nun, wenn Sie sich mal zusammenrauften und Inventar machten mit Ihrem Leben? So schwierig ist das nicht: Sie drehen den Spiess einfach um. Die Fragen lauten dann etwa so:

1. Was will ich in meinem Leben erreichen?
2. Was ist mir wichtig in meiner Karriere?
3. Welche Fähigkeiten und Erfahrungen habe ich?
4. Welche Kompetenzen muss ich mir noch aneignen – und wie?
5. Was ist meine Strategie, meinem Ziel näher zu kommen?
6. Was muss ich aktiv tun, um die nächsten Schritte einzuleiten?
7. Wer könnte mir dabei helfen?

Dieses Paket sieht doch ganz anders aus! Die Entscheidung liegt bei Ihnen, für welche Denke Sie sich entscheiden. Weder Sie noch Ihr Unternehmen verdienen, dass Sie im Sumpf – so es denn ein Sumpf ist – sitzen bleiben. Ihr Leben wird es Ihnen danken, wenn Sie sich aktiv, konstruktiv und konsequent auf das zubewegen, was Sie interessiert und was Sie realisieren und beitragen können an eine bessere Welt, eine stärkere Wirtschaft und ein erfolgreicheres Unternehmen.

Warum sind Sie noch nicht dort?

Teil 3

Andere wirksam beeinflussen

Früher war Führung einfacher, weil mit Autorität verbunden. Kraft ihres Amtes und Titels konnten Führungskräfte – meistens Männer – befehlen und Widerreden gab es wenige. Das wäre Meuterei oder Arbeitsverweigerung gewesen und auf ersterem stand die Todesstrafe, für zweiteres war Entlassung die Strafe.

Wie sieht es heute aus? Gewiss, es gibt sie immer noch, die Autorität. Aber im Geschäftsumfeld ist sie sehr dosiert einzusetzen, in der Erziehung gilt sie als verpönt. Generation Z reagiert geradezu allergisch darauf, und es ist heutzutage einfach schlechter Stil, denn oft gibt es bessere Möglichkeiten. Wer sich auf seine Autorität beziehen muss, hat oft schon verloren. Während Autorität ein Recht ist, ist die Fähigkeit, andere wirksam zu beeinflussen, eine Kompetenz, die wir schon im Kindesalter erwerben und dann kontinuierlich weiterentwickeln. Können Sie sich daran erinnern, Ihre Eltern, Babysitter oder Lehrpersonen manipuliert zu haben? Einigen gelingt das besser als andern.

In der modernen Führung geht es genau darum, andere Menschen dafür zu gewinnen, den gemeinsamen «Purpose» (das gemeinsame Ziel) zu verfolgen und zu erreichen. Es geht darum, Menschen zu überzeugen, dass es wichtig, sinnvoll und notwendig ist, das eine oder das andere zu tun oder zu lassen, ohne dabei Macht auszuüben. Doch warum sollten diese Menschen uns folgen, wenn sie nicht müssen?

Die Voraussetzungen, dass wir ohne Machtausübung wirksam führen können, sind folgende:

1. Der/die andere sieht den Sinn und/oder den Nutzen/Vorteil respektive die Notwendigkeit des beabsichtigten Ziels und möchte dieses freiwillig unterstützen.
2. Der/die andere mag uns und möchte etwas mit uns zusammen unternehmen und uns eventuell einen Gefallen tun.
3. Der/die andere erhofft für sich einen Gewinn/Vorteil (oder die Verhinderung eines Nachteils).

Die Entscheidung liegt also bei der anderen Person. Unsere Fähigkeit liegt darin, diesen günstigen Entscheid zu fördern und herbeizurufen. Dabei hilft, das Ziel so logisch und transparent wie möglich aufzuzeigen, denn wir wollen ja die richtigen Menschen dafür gewinnen. Weiter ist es wichtig, Empathie und echtes Interesse am anderen zu zeigen und ihn/sie mit allen Bedürfnissen und Einschränkungen ernst zu nehmen. Nur wenn wir authentisch, offen und überzeugend auftreten, unser Vorhaben nachvollziehbar, sinnvoll und nützlich ist und die anderen merken, dass wir ihre Bedürfnisse gleichberechtigt mit unseren eigenen im Visier haben, dann werden sie uns folgen. Zugegeben, das ist etwas anspruchsvoller als Befehlen, aber weitaus wirksamer und nachhaltiger als Führung über Angst und Zwang.

Was berechtigt uns denn zum Führen? Ganz einfach: Wir haben eine zündende Idee, eine kraftvolle Vision, relevante Fähigkeiten, welche andere nicht haben und die gerade gebraucht werden. Dann dürfen wir nicht nur, sondern wir sollten sogar führen. In allen anderen Fällen ist es wohl besser, sich zurückzuhalten und anderen den Vortritt zu lassen.

Uniformes Denken – Wo bleibt unsere Verantwortung?

Leider sind in der heutigen Zeit nicht nur Uniformen in der Kleidung üblich – und ich denke jetzt nicht an die Pilotinnen, Kosmetikberaterinnen in der Corporate-Identity-Kleidung ihrer Luxus-Arbeitgeber oder an Polizistinnen –, sondern ich denke an Jeans und T-Shirts der In-Marken, an Prada-Outfits mit ihren zahlreichen Kopien, an weisse Diamanten, Rolex Uhren und Porsches, aber auch an die typischerweise schwarze, leicht ungepflegte Kreativkleidung von Systemgegnern.

Uniformen zeigen uns auf den ersten Blick, zu wem oder was jemand gehört. Skilehrer, Ärzte und Offiziere outen sich damit und helfen uns, sie schnell zu erkennen und einzuordnen. Dagegen ist nichts einzuwenden. Übler sind die freiwilligen Uniformen, die wir uns sozusagen selber antun. Auch sie zeigen natürlich, wes Geistes Kind wir sind, zu welcher Einkommensklasse wir gehören oder welche Werte wir vertreten. Schlimm ist das auch nicht, aber es frisst halt etwas an unserer Individualität, unserer Einzigartigkeit; doch wenn wir die ohnehin nicht so hoch werten, weil wir uns selbst auch gar nicht so mögen, dann erlaubt es uns wenigstens, zu einer für uns attraktiven Gruppe dazuzugehören. Nein, so schlecht ist das nicht.

Eigenständiges Denken oder Gedankenuniformen?

Ganz übel sind hingegen unsere geistigen Uniformen! Gedankenmuster und Wertesysteme, welche wir uns völlig unbewusst und unreflektiert übergezogen haben. Gedankengänge und Überzeugungen anderer Menschen, die wir gehört, aufgeschnappt, verinnerlicht und dadurch zu unseren eigenen gemacht haben, ohne uns zu vergegenwärtigen, was die Auswirkungen dieses Denkens sind. Wir reproduzieren so populistische und sogenannte logische oder lustige Sprüche, ohne dass es unsere eigenen wären. Übel deshalb, weil wir auf diese Weise nicht unsere eigenen Werte und Überzeugungen ausarbeiten. Übel auch, weil dies unserer eigenen Kreativität Abbruch tut, und übel deshalb, weil wir damit fremden Stimmen Auftrieb und Kraft geben, ohne unser eigenes, differenziertes Denken und unser empathisches Fühlen zu aktivieren. Übel auch, weil diese unsichtbaren Uniformen von anderen nicht auf den ersten Blick gesehen werden, und übel auch, weil wir – stecken wir in diesen mentalen Uniformen – in den seltensten Fällen Verantwortung übernehmen für das, was wir äussern.

Wer bin ich: Mensch oder Spiegelbild?

Tragen wir Uniform, dann geben wir einen Teil unserer Identität und Werthaltungen auf und übernehmen diesen Teil von der Gruppe, zu der wir gehören. Wir werden dann nicht als die wahrgenommen, die wir sind, sondern als Vertreterin eines Systems, einer Firma, eines Berufs oder einer Interessengruppe. Wir ordnen dann unsere eigene Denke derjenigen der Interessengruppe unter. Ich bin dann nicht mehr in erster Linie Christina, sondern ich bin dann Medizinerin, Polizistin oder Receptionistin. Es geht dann nicht mehr so sehr um mich, sondern um das System, das ich vertrete. Mental passiert das genau Gleiche, ist aber so nicht erkennbar. Ich weiss also nicht, ob ich mit Lisetta spreche oder mit der SVP-Frau. Ich weiss auch nicht, ob das Gedankengut zu Peter gehört oder zur letzten Werbekampagne der Pharmalobby. Das macht es schwierig, Vertrauen aufzubauen, weil Vertrauen letztlich nur dann entsteht, wenn ich mich zu erkennen gebe mit all meinen Vor- und Nachteilen, auch mit meinen mehr oder minder idealistischen oder schrägen Glaubenssätzen und Vorlieben. So können meine Mitmenschen entscheiden, ob sie etwas mit mir zu tun haben wollen oder lieber nicht. So können Sie entscheiden, ob Sie dieses Buch zu Ende lesen wollen oder nicht.

Wie wachsen wir: durch Entstehen oder durch Erziehung?

Natürlich sind wir ein Produkt unserer Umwelt. Die Menschen, die wir im Laufe unseres Lebens kennen und schätzen lernen, färben auf uns ab. Sie ermöglichen uns, im Gespräch und der Auseinandersetzung mit ihren Glaubenssystemen und Haltungen unsere eigenen Werte und Denkmuster zu entwickeln und zu festigen. Unsere Erlebnisse – gute und schlechte – schärfen unser Unterscheidungsvermögen, und das Befassen mit den unterschiedlichsten Themen lässt uns unser Denken, Fühlen, Wahrnehmen und Einordnen bewusst gestalten. Wir können dann als souveräne «Mensch*innen» frei wählen, mit wem und was wir uns verbinden und was und wen wir aussen vor lassen. Einerseits schränkt das unsere Offenheit und Toleranz ein, anderseits formt es unsere Prinzipien, gibt uns so Profil und Charakter und erlaubt uns, uns abzugrenzen von der amorphen Masse. Eine gute Balance von Offenheit und Profil, gepaart mit lebenslangem Lernen dient der fortwährenden Entwicklung, die über Erfahrung zu tiefer Weisheit führt.

Philosophen oder Papageien? – Wenn schon, dann aber richtig!

Nicht so, wenn wir gedankenlos nachplappern, was andere ausgedacht und erlebt haben, oder wenn wir uns Gedankenmustern und Ideologien anschliessen, die wir nie reflektiert oder hinterfragt haben. Auch mentale Uniformen führen dazu, dass wir uns schneller erkennen lassen. Je ausgeprägter ein Wertesystem ist, desto greifbarer wird es und desto berechenbarer und verlässlicher werden wir selber. Genau das jedoch ist nicht der Fall, wenn es nicht unser eigenes ist, denn das kann gar nicht lückenlos stimmig sein, weil es nicht gewachsen, sondern übergestülpt wurde. Genau wie eine Maske einem Gesicht nur ähnelt, dieses aber nicht wiedergibt. Schlimm daran ist, dass uns gar nicht bewusst ist, was unser Denken ist und was es nicht ist. Dies führt zu einer gewissen Brüchigkeit und zu Schwachstellen. Es kann ja auch ein Atomlobbyist nicht zugleich ein Greenpeace-T-Shirt tragen oder der Metzger für Veganertum werben. Mental geht das natürlich problemlos. Wir haben durchaus unsere eigenen Gedanken, aber gleichzeitig sind wir auch indoktriniert von Werbung, von Medien, von Vorbildern und Autoritätspersonen. Dies führt dann zu einer intellektuellen «Kabbelsee» im Sinne von manchmal grün, manchmal rechts, manchmal wirtschaftlich, manchmal sozial, manchmal dagegen oder dafür, was halt so opportunistisch gerade passt oder was gerade «the flavour of the day» ist. Sind wir damit wirklich verantwortliche, souveräne und verlässliche Menschen?

Was im Takt anfängt, kann bald zu Gleichschritt werden …

Ideologien, gute wie gefährliche – wobei der Grat da manchmal sehr schmal ist –, leben davon, Menschen solche geistig-mentalen Uniformen anzubieten. Ob Sie sie anziehen oder sie nur begutachten, ist Ihr Entscheid. Was auf den ersten Blick noch attraktiv aussieht, kann plötzlich oder über Zeit eine Uniform werden, die fast nicht mehr ausgezogen werden kann, die klebt, die mit unserem Denken und Fühlen fusioniert hat, die mit der Haut fest verwachsen ist. Möglicherweise stehen wir dann plötzlich mitten in einer Gruppe, zu der wir nie gehören wollten, ohne dass wir gemerkt hätten – weil auch nicht sorgfältig geprüft –, wie wir da hineingeraten sind. Grosse Bewegungen arbeiten gezielt mit süffigen Slogans und eingängigen Parolen, die einfach, logisch und überzeugend klingen. So werden sie stark, und bis wir merken, was gespielt wird, kann es zu spät sein. Wir stecken unwiderruflich in der (notabene selbst gewählten, weil von niemandem aufgezwungenen) Uniform und werden so auch vom Umfeld wahrgenommen. Es ist dann auch zu gefährlich auszusteigen, denn alle um uns herum tragen die gleiche mentale Uniform – teilweise bereits auch schon mit äusseren Erkennungszeichen.

Ein Credo für bewusste Verantwortung oder: Wer führt, kann nicht kopieren!

Wer führt, der braucht eine Ausrichtung. Wer Verantwortung für andere übernimmt, muss sich bewusst sein, dass sie/er selber Verantwortung trägt, dass sie/er für sich selber inklusive ihrer/seiner Gedanken, Gefühle, Worte, Taten und Gewohnheiten voll in der Verantwortung steht. Heisst, dass nichts, aber auch gar nichts weitergegeben werden soll, das nicht sorgfältig in den eigenen Hirnwindungen hin und her geschoben und von allen Seiten betrachtet wurde, bevor es in das eigene Denk- und Wertesystem eingebettet wird. Heisst, dass nichts propagiert wird, das nicht im eigenen Herzen gewogen und für gut befunden wurde. Heisst, dass nicht nur eine Quelle, sondern viele und möglichst diverse Meinungen gesucht, angehört und überdacht werden, bevor die eigene Meinung bewusst und differenziert geformt wird. Nur so können wir echt Verantwortung übernehmen für das, was wir in Worten und Taten gegen aussen tragen. Wer gestaltend tätig sein will, kommt also nicht umhin, seine eigenen Gedanken und Gefühle auszubilden, stets wieder von Neuem zu prüfen und kontinuierlich zu schleifen und zu verfeinern. Alles andere ist undifferenziertes und gefährliches Mitläufertum. Uniformen haben durchaus ihre Berechtigung. Geistige Uniformen sind prekär und für einen gebildeten, verantwortungsbewussten und souveränen Menschen wenig sinnvoll, denn sie haben schon zu oft zu grossen Schaden angerichtet in der Geschichte und bis in die Gegenwart hinein. Arbeiten wir daran, dass die Zukunft besser wird, indem wir unser Bewusstsein sorgfältig schleifen, so wie Diamanten geschliffen werden, damit sie das Maximum an Licht reflektieren können.

> *«Geistige Uniformen sind prekär und wenig sinnvoll.»*

Wer Macht hat, macht halt – aber was?

Was Sie über mächtige Männer und Frauen wissen sollten

Die Geschichtsbücher sind voll von Geschichten mächtiger Männer; Bücher über mächtige Frauen dürften zu den dünnsten der Welt gehören – und doch gibt es einflussreiche, mächtige Frauen!

Meistens in Form von Königinnen wie Catherina de' Medici, Katharina die Grosse, Königin Luise von Preussen, Elizabeth I. und II. von England … Also Frauen, welche die Macht geheiratet oder geerbt haben. Schaut man sich gegenwärtig das Fortune 500 an, dann machen Frauen bei den CEOs gerade mal 4,6% aus, aber immerhin einer von 20 CEOs ist eine Frau! (Stand 2014)

Auch in der Politik finden wir eine – allerdings beachtliche – Minderheit sehr mächtiger Frauen. Am 8. März 2013 (Frauentag) waren weltweit 16 Frauen Regierungschefinnen. Was macht denn Macht für Frauen so attraktiv und wie leben Frauen ihre Macht aus? C. G. Jung schreibt in seinem Essay «Die Frau in Europa», dass Frauen ultimativ durch die Liebe, nicht durch die Macht motiviert seien, und auch wenn sie Macht suchten, dies schlussendlich aus Liebe geschähe (um jemanden oder etwas besser unterstützen zu können). Macht dies Frauen zu den ewigen Unterstützerinnen oder macht es sie zu machtvoll Liebenden, die sich rückhaltlos für eine bessere Gesellschaft, eine fairere Politik und einen rücksichtsvolleren Umgang mit Natur und Ressourcen einsetzen? Oder sind die mächtigen Frauen auch nicht anders als die mächtigen Männer?

Vielleicht müsste man sich vielmehr fragen: Was macht denn die Macht aus?

Verbinden wir Macht mit Stärke, so sind die Stärksten die Mächtigsten, denn sie können alle anderen aus dem Weg räumen. Frauen kommen dabei schlecht weg, vielleicht in das obere Viertel, sicher nicht an die Spitze. Setzen wir Macht gleich mit Körperstärke oder emotionaler Kompetenz oder IQ oder spirituellen Fähigkeiten oder sogar einer Kombination dieser Faktoren, so wird es differenzierter: Aushalten, austricksen, aussitzen, all das kann durchaus zielführender sein als eine schlagkräftige Faust. So sind denn viele der mächtigen Frauen einfach cleverer oder geduldiger oder spiritueller. Auf diesen Ebenen können Frauen durchaus mithalten. Macht entsteht aber auch aus Verbindungen und akkumulierten Mitteln, wie zum Beispiel Geld. Wer Geld hat, hat die Macht; wer gut vernetzt ist, hat Einfluss und damit Macht; und wer Produktions- und Landressourcen, geerbte Vorrechte oder eine starke Protektion hat, hat ebenfalls Macht. So kann Macht durchaus weitergegeben werden, was die eigene Machtposition wiederum stärken und sichern kann.

Erklären wir Macht mit Einfluss, dann stellen wir fest, dass gerade nicht machtorientierte die Mächtigsten sind: Mütter, Ehefrauen, Sekretärinnen. Frauen, welche durch ihre Unterstützung mit Intelligenz, Fürsorge, Geduld und Ausdauer ihren Einfluss geltend machen, Entscheide vorwegnehmen, Meinungen und Werte prägen und dies weit über das Tagesbewusstsein hinaus. Auch Trendsetterinnen wie Madonna, Twiggy oder Frida Kahlo, welche ganze Generationen prägten in ihrem Frauenverständnis, ohne dass sie dies explizit gesucht hätten, haben de facto sehr viel Macht und Einfluss.

Wann fühlen wir uns mächtig?

Gefühlte Macht hat ihre eigenen Gesetze. Sobald wir Dinge im Griff haben, wenn wir eigenständig und unabhängig entscheiden können, dann sind wir Herr respektive «Frau der Dinge» und fühlen uns in charge. Macht hat somit etwas mit entscheiden, wählen und können zu tun. Macht hat auch mit Grenzen setzen und schützen zu tun. Gefühlte Macht macht uns frei und stark. Normalerweise schadet sie auch niemandem, solange der Kontext stimmt und wir aus einer gesunden, ethischen Haltung heraus agieren.

Was macht die Macht mit uns?

Macht hat jedoch auch einen schalen Nebengeschmack, denn Macht korrumpiert und absolute Macht korrumpiert absolut. Präsentieren uns die Nachrichten nicht täglich, wie Macht über andere leicht in Machtmissbrauch umschlägt und wie Macht zu Selbstherrlichkeit, Gier, Statusdenken, Rücksichtslosigkeit und Egoismus verführt? Warum gibt es gerade unter den Mächtigen so viele Psychopathen? Zeigt uns die Trilogie von Tolkiens «Lord of the Rings» nicht überdeutlich, wie schwierig es ist, auf Dauer mit Macht umzugehen?

Ein guter Umgang mit Macht

Es braucht einen unglaublich starken Charakter, um mit Macht verantwortungsvoll umzugehen. Nur wer stets achtsam, aus dem höchsten Bewusstsein heraus, Stakeholder-orientiert und umsichtig agiert, wird der Macht gerecht. So ist es denn gerade für Mächtige zentral wichtig, Menschen in ihrer Nähe zu behalten, die sich getrauen, die Wahrheit zu sagen, offenes, klares Feedback zu geben, zu hinterfragen, zu kritisieren und auf Augenhöhe mit der/dem Mächtigen zu sprechen. Solche Personen dürfen nie in Abhängigkeit stehen, sie müssen souverän und neutral sein; sie dürfen weder profitieren noch Schaden leiden durch ihre Offenheit. Hofnarren waren solche Menschen: Sie durften nie bestraft oder belohnt werden – sie genossen Narrenfreiheit und damit die Möglichkeit, den Mächtigen den Spiegel vorzuhalten. So ist es auch heute wichtig, dass Mächtige sich mit Experten beraten und den Konsens suchen, denn Autokratie und Autismus im Führen ist nur zu oft willkürlich und führt zu suboptimalen Lösungen und Realitätsverlust.

Die grösste Macht dem Mächtigsten

Einige Pharaonenskulpturen zeigen den Pharao auf dem Stuhl sitzend mit einem Falken im Nacken, der seine Flügel über die Ohren des Pharao hält. Der Falke ist Horus, der Sohn von Isis und Osiris; er steht für ein göttliches Prinzip, das dem Pharao die Weisheit einflüstert, das heisst, der Pharao unterstellt sich der Führung des göttlichen Prinzips und bringt so den göttlichen Einfluss auf die Erde. Auch in der christlichen Kultur werden Kaiser*innen und König*innen in der Kirche gekrönt – so quasi unter den Augen des Göttlichen. Leider ist dies das Idealbild. Viel eher haben die Mächtigen vom Altertum bis in die Gegenwart die Macht an sich gerissen, erschlichen, erkauft und mit spitzen Ellbogen erkämpft. Einmal ganz oben lassen sie sich feiern, zocken ab, was geht, und verhindern, dass ihnen die Macht genommen wird. Dabei wäre es essenziell, dass sich eine Machtperson an einer höheren Ordnung und nicht (nur) an sich selber orientiert; dass sie sich in den Dienst dessen stellt, für das sie zuständig und verantwortlich ist. Nur wer Macht im konstanten Bewusstsein, einer Sache zu dienen, ausübt, kann auf die Länge ein guter Machthaber sein. Dazu sind nur wenige bereit, doch diese erhalten ihre Vorrechte und Privilegien aus Dankbarkeit und Freude, freiwillig. Hoffen wir also, dass wie C.G. Jung sagt, Frauen durch Liebe und nicht durch egoistische Machtgelüste geleitet sind, denn so werden sie hoffentlich mit ihrer Macht eine fairere, bessere und rücksichtsvollere Welt schaffen.

Was haben Mandelbrot und Feigenbaum im Business verloren?

Nein, das kann man nicht essen! Benoît Mandelbrot war Mathematiker, Mitchell Feigenbaum Physiker. Die beiden Wissenschaftler haben das Chaos, den Zustand völliger Unordnung und Verwirrung, erforscht, anhand mathematischer Modelle versucht zu beschreiben und herauszufinden, wie Chaos entsteht und wie es allenfalls wieder in Ordnung gebracht werden kann.

Wir sprechen von der göttlichen Ordnung, wenn wir an den Kosmos denken. An eine harmonische natürliche Gesetzmässigkeit, in welcher alles wie von unsichtbaren Energien geleitet und geschaffen wird. Eine Welt, in der sich alles selbst ausrichtet und perfekt funktioniert. Das Gegenteil, eben Chaos, ist dann oft, aber nicht nur, menschengemacht. Doch möchten wir denn wirklich in einer nur geordneten, strukturierten, programmierten Welt leben? Falls ja, dann erklärt das ziemlich gut, warum wir aufräumen, strukturieren, vereinfachen, steuern, managen und erklären. Falls nein – waren Sie das??? Wer macht denn das Chaos?

Gemäss Theorie werden Strukturen, die sich bilden und anfänglich ganz einfach, logisch und verständlich sind, mit der Zeit immer differenzierter und komplexer. Irgendwann sind sie zu komplex und aufwendig, brechen zusammen oder werden willentlich zerstört und es herrscht Chaos. Daraus entstehen dann ganz langsam wieder neue Strukturen, die wieder komplexer werden, und so weiter. Ganz wohl ist uns dabei nie. Wenn zu viel Ordnung ist, wird es langweilig und eng. Wenn zu viel Chaos ist, sind wir verunsichert und wissen nicht weiter. Dann bräuchten wir unsere Intelligenz. Wir streben danach, das Chaos zu managen, wie wir auch Zeit und Veränderung managen wollen, was ebenso dumm ist. Besser wäre, im Chaos ganz ruhig zu werden, zu reflektieren und sich zu fragen: Was wollen wir eigentlich? Wofür wollen wir das, was wir wollen? Und warum ist das gut für die Menschen, Fauna, Flora und den Planeten selbst, wenn wir das umsetzen, was wir wollen? So könnten wertvolle Ideen entstehen, wie wir den Postchaoszustand neu gestalten möchten und vielleicht auch könnten. Doch nein, wir rennen kopflos und herzlos herum und probieren, noch im Zusammenbruch unsere persönlichen Vorteile zu wahren und unsere individuellen Scherflein in Sicherheit zu bringen. Nach mir die Sintflut – ist halt menschlich.

Der Moment, in welchem die Strukturen zusammenbrechen, ist der heikelste, denn diesen Moment können wir weder planen noch aufhalten noch managen. In diesem Moment kann alles, wirklich alles passieren. Chaos ist der unvorhersehbare Moment, in dem auch wieder alles möglich wird und sich Neues formiert, das nie für möglich oder wahrscheinlich gehalten wurde. Revolutionen sind Chaos, ebenso Wirtschaftszusammenbrüche, Naturkatastrophen und Kriege: Momente der totalen Neuorganisation. Vor dem Chaos wird eine Struktur extrem instabil, verhält sich teilweise unnatürlich und überraschend. Das macht uns Angst und wir versuchen dann, das Bestehende zu stabilisieren, auszugleichen und zu zementieren. Doch widersetzen wir uns damit nicht dem natürlichen Wandel? Das Chaos gehört genauso zur göttlichen Ordnung wie dieses wunderbare, unsichtbare Funktionieren. Es wäre gut, wenn wir einfach damit leben wollten, im Wissen darum, dass es das Chaos braucht, damit Neues entstehen kann und darf. Manchmal können wir die Dinge evolutiv verändern mit der Strategie der kleinen Schritte, welche der kraftvollen Absicht folgen, wenn sie konsequent umgesetzt werden. So werden Systeme gebaut, differenziert und immer filigraner ausgearbeitet, bis sie eben nicht mehr führbar sind. Schön wäre, diese Systeme ebenso harmonisch zu verändern und immer wieder hinüberzuführen in neue stabile Zustände. Genau dies werden die herrschenden Kräfte, die Profiteure des Systems, jedoch nicht zulassen. So wird das existierende System starr und damit anfällig für Zusammenbruch und Zerstörung, denn erst dann können die Karten neu gemischt werden. Es ist Zeit, dass wir lernen, Chaos als Teil der göttlichen Ordnung zu sehen. Der indische Gott Shiva steht sowohl für Schöpfung wie auch für Zerstörung, denn alles, was geschaffen wird, muss auch wieder untergehen, damit wieder Neues entstehen kann. In unserem Gottbild ist nur das Schaffen vorgesehen, die Zerstörung ist schlecht, die überlassen wir dem Teufel, und deshalb kämpfen wir dagegen.

«Erst das Chaos gibt uns die Chance, es neu und besser zu machen.»

Sie waren es also bestimmt nicht, die/der das Chaos verursacht hat! Entspannen Sie wieder! Und wenn Sie es doch waren, dann sehen Sie sich als Agent für Erneuerung – auch schön, denn nur wo Chaos herrscht, kann aufgeräumt und Neues geschaffen werden.

Was genau wollen wir aber nun managen? Das Klima? Die globale Wirtschaft? Die Weltordnung? Den Alterungsprozess? Einfach niedlich, was wir uns hier alles zutrauen in unserem kurzfristigen, beschränkten und oft auch egoistisch gefärbten Denken, Fühlen und Wollen! Was immer wir tun, es birgt Vor- und Nachteile. Erst das Chaos gibt uns wieder die Chance, es neu und besser zu machen. Und warum soll es denn besser werden? Vielleicht, weil wir immer mehr dazulernen? Weil unser Bewusstsein vor allem durch die Zusammenbrüche immer geschärfter und verfeinerter wird? Weil wir aus früheren Erfahrungen und von vorherigen Generationen lernen? Tun wir das? Ist die Welt nicht einfach eine grosse Spielwiese, auf welcher wir ausprobieren können, was uns gerade in den Sinn kommt? Wir nehmen unser Spiel sehr ernst, weil wir nur eine einzige Chance bekommen zu spielen – unser Leben. Doch alle bekommen eine Chance, und deshalb müssen diese Spiele auch einmal wieder ein Ende haben. Vergessen Sie ganz schnell, das Chaos zu managen! Aus dem Chaos kommen immer wieder, wie von selbst, neue Strukturen. Doch da, wo diese menschengemacht sind, da sollten wir darauf achten, dass wir stets aus unserem höchsten Bewusstsein heraus agieren: umsichtig, verantwortungsvoll, respektvoll und liebevoll, sodass wir immer wieder anpassen und korrigieren, wo wir Auswüchse und Nachteile sehen. Damit werden wir die bestmöglichen Systeme und Strukturen schaffen, doch auch die werden wieder vergehen oder zerstört werden, damit auch folgende Generationen wieder eine neue Spielwiese haben.

Emotionale Intelligenz – Hype oder doch wichtig?

Während der Quotient für die intellektuelle Intelligenz (IQ) schon seit 120 Jahren kursiert, wurde der emotionale Intelligenzquotient (EQ) erst Anfang der 1990er-Jahre von Daniel Goleman «erfunden». Sozialkompetenz gab es natürlich schon vorher, aber der Hype um den alles bestimmenden EQ fing erst da an. 85 Prozent des Karriereerfolgs sollen gemäss Goleman auf einem guten EQ basieren, vom Erfolg im privaten Leben gar nicht zu sprechen. Mittlerweile gibt es über zwanzig Arten von Intelligenz, von physischer zu Natur-Intelligenz, zu musikalischer oder ästhetischer Intelligenz und so weiter. Es heisst jetzt halt nicht mehr Begabung, sondern Irgendetwas-Q!

Fokussieren wir uns hier auf emotionale Intelligenz, denn der EQ ist in der Tat einer der wichtigsten Qs: Er ermöglicht den erfolgreichen Umgang mit sich selbst und anderen Menschen, und davon gibt es eine ganze Menge. Wir kommen wahrscheinlich in unserem Leben und in unserem Beruf gar nicht um sie herum. Oder wie es Dale Carnegie schon in den 1930er-Jahren in seinem Selbsthilfebuch ausgedrückt hat: «How to win friends and influence people». Der EQ hatte also durchaus Vorläufer, aber leider alle ohne Namen. Woran würden Sie erkennen, dass jemand einen hohen EQ hat? Wie gehen Sie vor, wenn Sie Ihren EQ erhöhen wollen? Geht das überhaupt? Ja, es geht! Wenigstens theoretisch. Und weiter: Was beurteilt werden soll, muss auch geprüft werden. Einfältigere EQ-Tests sehen typischerweise so aus:

Ihre Büropartnerin hat zum dritten Mal – aus Versehen – Ihr Aquarium vom Tisch gekippt. Die Fischchen japsen um ihr Leben, der Spannteppich ist im Eimer, der Computer unter Wasser, die Dokumente triefend nass. Kurz, die Schweinerei ist unermesslich. Wie reagieren Sie?

A) *Ich schreie sie an.*

B) *Ich suche nach der best- und schnellstmöglichen Lösung.*

C) *Ich tröste sie, weil sie so traurig und schuldbewusst aussieht, und dann schubsen wir die Fische gemeinsam in die nächststehende Trinkflasche.*

Hier ist schon die Krux des Tests, denn A kreuzt natürlich niemand an, B schon eher, und der Gewinner ist natürlich C. Das merken auch diejenigen mit einem niedrigen IQ und/oder EQ. Vielleicht in umgekehrter Reihenfolge – erst Fische retten, dann trösten –, dann hätten wir so ganz nebenbei auch noch Natur-Intelligenz gezeigt. In der praktischen Beobachtung jedoch dürfte Antwort A, untermauert vom gesamten Wortschatz einheimischer und englischer Fluch- und Schimpfwörter, mit über 90 Prozent vertreten sein.

Emotionale Intelligenz ist im Wesentlichen Wahrnehmung und Verhalten. Hier liegt auch die Gnade des EQs, denn im Gegensatz zu anderen Qs (obwohl ich auch da fest überzeugt bin, dass sie entgegen der gängigen Theorie bis zu einem gewissen Grad veränderbar sind) haben wir beim EQ die Wahl, wie wir reagieren wollen. Er ist somit maximal entwickelbar und zwar kurzfristig.

Was braucht es an Kompetenzen für einen hohen EQ?

1. Die erste Fähigkeit ist, dass ich Emotionen – meine eigenen und die von anderen – korrekt wahrnehme. Auf die Frage: «Wie konnten Sie nur so einen Mist bauen?», ist die Schlussfolgerung also nicht: «Sie sind aber neugierig!» Dr. Paul Ekman setzte mit seiner Forschung im Erkennen an, um zu testen, wie anhand von Mimik und Stimme die richtige Gefühlslage identifiziert wird, eine Grundlage für Empathie, denn ohne akkurate Wahrnehmung keine sinnvolle Reaktion. Empathie ihrerseits ist unabdingbar für gute zwischenmenschliche Beziehungen und bestimmend für gute Menschenkenntnis. Der Nachteil ist, dass sie auch manipulativ bis destruktiv eingesetzt werden kann.

2. Als zweite Fähigkeit für emotionale Intelligenz gilt es, die Emotionen – eigene und die anderer Menschen – wirksam beeinflussen zu können. Das heisst, nicht Opfer der Gefühle zu sein, sondern diese einzuordnen, zu beruhigen oder bewusst zu verstärken. Dito bei anderen Menschen, um Drama zu reduzieren, zu trösten, zu schlichten, sodass wir wieder zu unserer Absicht zurückfinden. Je schneller wir wahrnehmen, desto schneller können wir auch beeinflussen. Bemerkungen wie «Ist doch alles nicht so schlimm!» oder «Führen Sie sich mal nicht so auf!» helfen da in der Regel wenig, sondern giessen eher noch Öl ins Feuer. Die «Spiegeltechnik» wirkt schon besser: Einfach spiegeln (rückmelden), was wir wahrnehmen. Das führt meistens dazu, dass sich der/die andere gut verstanden fühlt und sich deshalb beruhigt. Das Beeinflussen von Gefühlen hat wiederum ganz viel mit Disziplin und ganz wenig mit Ausblenden zu tun. Das macht Empathie und Disziplin zu den zwei stärksten Faktoren in der emotionalen Intelligenz.

3. Die dritte Fähigkeit ist, Emotionen und Gefühle zu verstehen. Dazu brauchen wir etwas vom old-fashioned IQ. Wie werden sie ausgelöst? Wie werden sie temperiert oder angeheizt? Was bewirken sie? Wann sind sie hilfreich, wann schädlich? Als emotional intelligenter Mensch werde ich mich darum

bemühen, dass es anderen Menschen gut geht. Ich werde auch mein eigenes Leben nach Möglichkeit so optimieren, dass es mir gut geht und ich mehrheitlich positiv gestimmt bin, ohne Gefühle zu unterdrücken und ohne ihnen auszuweichen, denn schlussendlich wollen wir doch auf der ganzen Klaviatur spielen, um ein reiches und erfülltes Gefühlsleben zu geniessen, um unsere Gefühle zu verstehen sowie die Gefühle anderer Menschen zu heben.

4. Die vierte Fähigkeit liegt darin, Emotionen strategisch einzusetzen. Gefühle helfen uns, unsere Ziele zu erreichen. Wenn wir von und mit «Passion» sprechen, unsere Absichten mit Leidenschaft unterlegen, dann erhöht das die Chancen, dass wir unsere Ziele erreichen. Zudem beflügelt und motiviert Begeisterung nicht nur uns selbst, sondern auch andere, mitzuwirken. Das bedeutet aber gleichzeitig, dass wir unsere Gefühle und Impulse auch zügeln können, wenn sie nicht hilfreich sind. Im berühmten Marshmallow-Test aus den 1960er-Jahren (Prof. W. Mischel, Stanford University) wurde über die Langzeitbeobachtung festgestellt, dass die Kinder, welche der Versuchung widerstehen konnten, in der Schule, in der Karriere und auch privat weit erfolgreicher waren als die Kinder, welche eine schwache Impulskontrolle aufwiesen. Oscar Wilde hatte also nicht unbedingt recht, wenn er sagte: «Versuchungen sollte man nachgeben, wer weiss, ob sie wiederkommen.»

All dies macht emotionale Intelligenz essenziell und gleichzeitig ausbaubar. Schwierig? – Ja, aber nicht unmöglich! Emotionale Intelligenz bestimmt den Umgang mit uns selbst, die Interaktion mit anderen Menschen und nicht zuletzt auch unsere Führungsfähigkeiten. Doch alles, was Sie meisterhaft schaffen, haben Sie über Jahre gelernt und perfektioniert. Das wird beim Entwickeln des EQs auch nicht anders sein. Es ist übrigens auch nicht verboten, Hilfe zu holen, sollten Sie zu früh an Ihre Grenzen gelangen, denn auch Grenzen sind veränderbar.

Warum nervt Greta?

Wenn Menschen konsequent für ihren Purpose leben, ecken sie an. Wenn der Purpose für sie zentral wird, können sie eindimensional oder sogar fanatisch werden. Wenn dieser Purpose dann auch noch lieb gewonnene Gewohnheiten und Bequemlichkeiten angreift, gibt es Widerstand. Wenn diese Letzteren vom Establishment besetzt sind, wird es oft hässlich. Kämpferinnen für ihren Purpose müssen dann noch vermehrt einstecken können.

Berühmt werden sie, die Männer und Frauen, die für ihren Purpose leben, und gehasst werden sie. Es scheint, dass es Frauen hier noch schwieriger haben als Männer. Ihr Mut ist bewundernswert. Oft fängt es ganz harmlos an mit einer Idee, die dann Momentum aufnimmt. Oft steht hinter dem Purpose eine grosse Sehnsucht oder eine grosse Wut. Sehnsucht danach, etwas zu verwirklichen, etwas zu finden oder zu verändern, etwas zu erreichen oder zu gewinnen, Wut über Ungerechtigkeit, Unfairness oder Frevel. Diese Ziele werden emotional besetzt, vielleicht sogar durch das Umfeld verstärkt und mit Leidenschaft unterlegt. Spätestens dann ist Vorsicht geboten, denn von Leidenschaft zu Fanatismus ist es nur ein kleiner Schritt. Neutral sind wir dann längst nicht mehr, aber Neutralität hat noch nie Dinge verändert, Leidenschaft schon.

Greta ist nur das jüngste Beispiel unerschrockener Frauen, die für das, was sie glauben, einstehen, bedingungslos und rücksichtslos dafür kämpfen und dabei sehr viel Angriffsfläche bieten. Manchmal gewinnen sie, dann sind sie – oft nur für kurze Zeit – Heldinnen. Oft verlieren sie und werden zu Märtyrerinnen. Was mit Greta passiert, ist noch nicht abzusehen. Die amerikanische Investigativjournalistin Ida Tarbell (1857 – 1944) hat mit ihrer Arbeit das Rockefeller-Imperium zerschlagen und damit einen der mächtigsten Männer Amerikas, John D. Rockefeller, angegriffen, weil sie die Nachteile eines Monopols sah und bekämpfte. Dafür wurde sie sehr verunglimpft und mit Morddrohungen eingeschüchtert. Rockefeller nannte sie in der Öffentlichkeit nur «Tarball» (Teerball). Jeanne d'Arc (1412 – 1431) hat als Kind noch für den französischen König Karl VII. die Engländer und Burgunder besiegt und wurde schlussendlich – nur 19-jährig – auf dem Scheiterhaufen verbrannt. Marie Curie (1867 – 1934) hatte es etwas einfacher bis zum Tod ihres Mannes, weil sie sich hinter ihn stellte, obwohl es wahrscheinlich ihre Arbeit war, die dem Ehepaar Curie den Nobelpreis einbrachte. Erst nach dem Unfalltod ihres

Gatten trat sie selbst ins Scheinwerferlicht und wurde dafür erst einmal tüchtig diffamiert, schikaniert und benachteiligt. Dank ihrem unerschütterlichen Willen, ihre Forschung (Strahlung in uranhaltigen Materialien zu untersuchen) weiterführen zu dürfen und ihre Entdeckungen voranzutreiben, hat sie schlussendlich gewonnen. Sie bekam einen zweiten Nobelpreis und erhielt die Ehren, die ihr gebührten. Candace Pert (1946 – 2013), eine Forscherin in Pharmakologie und Neurowissenschaft, hat ihre Errungenschaften nie in Erfolg ummünzen können, denn ihre Resultate wurden von ihrem Vorgesetzten in eigener Sache verwendet, sodass dieser und zwei Kollegen den Nobelpreis erhielten für ihre Erfindungen … Ein grosser Teil der Kompositionen von Clara Schumann (1819 – 1896) wurde ihrem Mann, dem Komponisten Robert Schumann, zugeschrieben, was sie wohl nicht gross störte, denn sie war eine der berühmtesten und gefeiertsten Pianistinnen Europas, Mutter von neun Kindern und hat ihren Mann immer voll unterstützt, wo es nur ging, vor allem auch, als er immer kränker und labiler wurde.

Die Premierministerin Margaret Thatcher (1925 – 2013) war bei grössten Anfeindungen extrem erfolgreich mit ihrem Purpose, Grossbritannien von der Geisel der Gewerkschaften zu befreien, wurde schlussendlich aber dem Europagedanken geopfert. Die ehemalige Bundeskanzlerin Angela Merkel wurde ebenfalls gleichermassen geliebt und gehasst. Es gab sie immer, die Frauen mit dem starken Purpose, für den sie lebten und leben, und es gibt sie noch. Sie tun das Richtige, ecken aber auch enorm an und müssen viel ertragen. So auch Greta.

«Setzen Sie Ihre Vision in Ihrem Leben konsequent um.»

Frauen und Männer, die sich ihrem Purpose verschreiben und unterordnen, entwickeln unglaubliches Potenzial, werden ab und zu penetrant, nerven, und manchmal gewinnen sie trotzdem. Purpose lässt uns weit über unsere Grösse hinauswachsen, in schwindelerregende Höhen steigen, eventuell crashen und massiv aufschlagen. Doch wer für seinen Purpose lebt, für den ist das zweitrangig. Haben wir uns einmal dem Purpose verschrieben, dann geht es um den Purpose und nicht mehr um das Ego. Das Ego ist dann nur noch dazu da, den Purpose zu verwirklichen und ihm zum Durchbruch zu verhelfen.

Doch die Menschen, die Weltgeschichte schreiben, sind für die meisten von uns zwar gute Vorbilder, aber nicht so leicht zu kopieren. Trotzdem ist Purpose für jeden von uns extrem relevant. Denken Sie nur an die vielen Familienfrauen, die für ihre Familie da sind, diese schützen, entwickeln, pflegen und bedienen. Manager*innen, die Produkten und Ideen zum Durchbruch verhelfen, ihre Mitarbeitenden fördern und entwickeln und «alles» geben, um den grösstmöglichen Erfolg für ihre Firma, ihr Team und ihre Produkte zu gewährleisten. Politiker*innen und Künstler*innen, die bereit sind, unpopulär zu sein für ihre Sache … Frauen leben ihren Purpose oft, noch viel zu oft, im Hintergrund und als Unterstützende von Menschen, die im Rampenlicht stehen. Unglaublich stark und fähig, doch oft viel zu wenig gewürdigt und wertgeschätzt. Es ist Zeit, dies zu ändern. Nicht mit dem Entziehen der Unterstützung, sondern mit dem Einfordern der Anerkennung, der bewussten, nicht arroganten, aber klaren Selbstachtung und dem gegenseitigen Fördern und Wertschätzen.

Was können Sie tun, um Ihren Purpose zu entdecken und zu leben?

1. Achten Sie auf das, was Ihnen wirklich viel bedeutet, und identifizieren Sie Ihre zentralen Werte.
2. Entwickeln Sie eine klare Vision von dem, was Sie aus tiefstem Herzen wollen oder auch nicht wollen.
3. Formulieren und kommunizieren Sie diese Vision so oft wie möglich.
4. Priorisieren Sie die Arbeit für Ihren Purpose und fokussieren Sie sie.
5. Lernen Sie, Nein zu sagen, und sagen Sie nur dann Ja, wenn Sie Ja meinen.
6. Setzen Sie sich durch, auch wenn das bedeutet, dass Sie vorübergehend nicht geliebt werden dafür.
7. Suchen Sie Alliierte für Ihr Ding und bilden Sie starke Koalitionen mit Menschen, die Ihre Vision teilen.
8. Setzen Sie Ihre Vision in Ihrem Leben konsequent um.
9. Bleiben Sie dran, auch wenn es schwierig wird.
10. Nerven Sie nicht unnötig, oft genug wird es unumgänglich sein.
11. Fragen Sie sich ab und zu, inwiefern das, was Sie tun, gut ist für die Menschen und die Welt und ob sich der Preis lohnt, den Sie dafür bezahlen.

Der persönliche Purpose, den unsere Teilnehmenden in den Urban-Gurus-Retreats entwickelten, ist pragmatisch, beflügelnd und transformierend. Zugegeben, die Welt wird dadurch nicht wesentlich verändert, doch das eigene Leben und das direkte Umfeld schon. Mit Purpose lebt es sich besser: Wir sind klarer, überzeugender, setzen Prioritäten, grenzen uns ab und erhalten mehr Befriedigung, weil wir uns auf das Wesentliche, unseren Purpose, fokussieren. Purpose ist nicht gut oder schlecht – es ist einfach unser Purpose. Dieser ist eng mit unserem Bewusstsein verknüpft. Entwickeln wir unser Bewusstsein, dann kann sich auch unser Purpose verändern. Wir haben zwar nicht alle die Gelegenheit, auf der Weltbühne mitzuspielen, aber in unserem ganz persönlichen beruflichen und privaten Leben können wir trotzdem Grossartiges initiieren, aufbauen und umsetzen, wenn wir nur wollen und uns nicht entmutigen lassen.

Sind Sie eine richtig gute Zicke?

Sobald zwei Frauen zusammen sind, gibt es drei Zickenkriege! – sagen Männer. Doch wo es Vorurteile gibt, ist meistens auch etwas dran. Als führungsgewohnte und highperformance-orientierte Managerin sollten Sie es sich nicht nehmen lassen, Zickenkriege effizient, kompetent und vernichtend zu führen; denn wenn schon, denn schon!

Nachfolgend ein paar Tipps, auf die Sie achten sollten, wenn Sie Ihren nächsten Zickenkrieg führen.

1. Bereiten Sie den Zickenkrieg mit einer gut ausgebauten Intrigenkampagne vor, denn es macht weitaus mehr Spass, Dutzende von Kolleginnen mit einzubeziehen, als so ganz allein zu kämpfen. Ihre Zickenkriegsgegnerin wird das Gleiche tun, sodass Sie den Fokus für Monate, wenn nicht Jahre vom eigentlichen Geschäft und den Zielen abziehen und für Ihren Krieg einsetzen können. Arbeitgeber und Vorgesetzte fühlen sich dann so richtig gefordert, was ihnen hilft, ihre Konfliktlösungsfähigkeiten auszubauen.

2. Lassen Sie keine Gelegenheit aus, Ihrer Gegnerin eins auszuwischen. Am besten dann, wenn sie es am wenigsten erwartet, und noch besser, wenn sie Ihnen gerade ein Friedens- oder Waffenstillstandsangebot gemacht hat. Dann tut's am meisten weh, also 1:0 für Sie.

3. Fassen Sie jede Äusserung Ihrer Gegnerin rigoros als Beleidigung auf. Sie kann es gar nicht anders gemeint haben! So naiv sind Sie bestimmt nicht, dies in Erwägung zu ziehen – selbst wenn es mit Ihnen gar nichts zu tun zu haben scheint auf den ersten Blick. Es versteht sich von selbst, die Gemeinheiten, die Ihnen widerfahren, ganz öffentlich hochzuspielen, sodass auch entsprechend viel Mitgefühl in Ihr Lager zurückfliesst.

4. Verzeihen Sie Ihrer Kriegspartnerin auf keinen Fall! Könnte ja jeder kommen und sich entschuldigen! Das Leid, das Ihnen angetan wird in einem Zickenkrieg, kann gar nicht verziehen werden, dazu ist es viel zu gravierend. Zudem würden Sie den Fortgang des Kriegs gefährden.

5. Finden Sie heraus, was Ihre Gegnerin am meisten verletzt und wo sie ihre empfindlichen Punkte hat. Sie wollen ja nicht so ziellos herumschaden, sondern punktgenau ins Herz treffen.

6. Werten Sie alles ab, was Ihrer Gegnerin lieb und teuer ist, und promoten Sie das, was Ihre Zickenkriegspartnerin verachtet und verabscheut. Insbesondere sollten Sie sich mit denjenigen zusammentun, die sie (ihre Gegnerin) ebenfalls nicht so gut leiden können. So können Sie ihr noch grösseres Ungemach bereiten.

7. Verunglimpfen Sie die andere Zicke so oft und so breit gestreut wie möglich. Scheuen Sie dazu keine Mühe, auch wenn es Ihnen nicht mehr erlauben sollte, neutral mit anderen zu sprechen oder sich auf Ihre Aufgaben zu konzentrieren. Versuchen Sie nach Möglichkeit, die Leistungen und Resultate der anderen Zicke zunichtezumachen oder, sollte das nicht funktionieren, wenigstens auf Ihre eigene Mühle zu leiten. Wir Frauen sind es ja gewohnt, uns mit fremden Federn und Pelzen zu schmücken.

8. Geben Sie keinesfalls auf! Das wäre ein untolerierbares Eingeständnis von Schwäche und Versagen. Bleiben Sie dran! Vielleicht werden Sie ja alt genug, um den Krieg zu gewinnen.

9. Lassen Sie sich nicht verunsichern von Kolleginnen oder Kollegen, die Sie zu beschwichtigen versuchen oder sogar der Ansicht sein könnten, dass sich das nicht lohne und dass Sie mit diesem Zickenkrieg nur Ihr eigenes Leben versauen. Jedes Opfer sollten Sie bringen, wenn es dazu dient, das Leben der anderen Zicke so richtig zu vermiesen, selbst wenn Sie fast umkommen dabei, denn was uns nicht umbringt, macht uns stärker.

> *«Wen würde es stören, wenn Männer für einmal nicht recht hätten ...»*

10. Sollten Ihre Vorgesetzten fies genug sein, einen professionellen Coach einzusetzen, um Ihrem Zickenkrieg ein Ende zu bereiten, dann zeigen Sie sich vordergründig kooperativ, kriegen aber im Hintergrund diskret und zielorientiert weiter. Ihre Gegnerin wird das genauso tun, und so hebeln Sie auch den besten Coach aus. Das müsste aber das einzige gemeinsame Ziel sein, das sie verbindet. Wäre ja noch schöner, wenn ein Fachfritze von aussen Ihr ach so schönes Spiel beenden würde!

Nun ja, wahrscheinlich brauchen Sie diese Tipps gar nicht und möglicherweise haben Sie bessere und mehr. (Die Autorin ist dankbar für weitere Ideen, um ihre eigenen diesbezüglichen Lücken zu füllen.) Vielleicht sind Ihnen diese unnötigen und unerfreulichen Zickenkriege zuwider, und Sie möchten sie verhindern, oder noch besser, gar nicht erst starten. Für diesen Fall lohnt es sich ebenfalls, die Tipps zu verinnerlichen, nur um genau das Gegenteil zu tun. Sie werden dann zwar dem Vorurteil gegen Frauen schaden, hervorragende, kriegsbereite Amazonen-

Zicken zu sein, aber Sie werden mit Sicherheit zu einem besseren Betriebsklima beitragen, eine geschätztere Kollegin und eine verantwortungsvollere Führungskraft sein. Sie werden zwar einige Schlachten verlieren, aber Sie werden längerfristig ein besseres Umfeld und mehr Freundinnen und Freunde haben, denn viele Freundschaften werden im Arbeitsumfeld gefunden und aufgebaut. Und last, but not least – wen würde es stören, wenn Männer für einmal nicht recht hätten …

Lachen Sie schon, oder managen Sie noch?

Oder: Könnten Hofnarren auch gute Könige sein und wenn ja, warum nicht?

Auf der Teppichetage geht Humor gar nicht! Wieso denn nicht? Weil Humor eben nicht gleich Humor ist und weil Lachen zwar gesund, aber nicht zwangsläufig leistungsfördernd ist. Humor ist eine Bewältigungsstrategie, und im Executive-Bereich ist Initiative und nicht Bewältigung angesagt. Zudem geht Humor oft auf Kosten von Schwächeren und Minderheiten und ist somit politisch nicht korrekt. Im Topmanagement braucht es Ernsthaftigkeit und Korrektheit. Und doch: Es könnte aber auch ganz anders sein.

Was uns Menschen von Tieren unterscheidet, sind Intelligenz und Humor. Bei der Intelligenz bin ich mir nicht so sicher – Tiere dürften eher mehr davon haben –, doch beim Humor definitiv. Noch haben sich nicht alle Menschen dahin entwickelt. Humor braucht etwas Distanz und Reflexion. Humor braucht mentales Hakenschlagen. Humor braucht Intelligenz, und Humor braucht Sinn für Lustiges. Warum ist das auf den tieferen Stufen erlaubt, im Topmanagement aber nicht mehr?

Für das Topmanagement gibt es eben nur noch unfreiwilligen Humor. Da dieser auch ziemlich häufig und ziemlich komisch ist, reicht das schon. Nein, nein, nein! Das ist nicht die Begründung. Diese liegt ganz woanders: Lachen gibt Lachfalten, und die verursachen, dass man freundlich aussieht, was ungünstig ist für harte Verhandlungen. Auch nicht? Humor ist eben eine Bewältigungsstrategie. Diese brauchen wir unter anderem dann, wenn wir die Dinge, die uns belasten, nicht ändern können. Heisst, mit einer Bewältigungsstrategie, die ich einsetze, um mit dem Unveränderbaren zurechtzukommen, gestehe ich meine Schwäche ein. So ist Humor also die Waffe der Schwachen und Unterdrückten: Sie brauchen ihn als Ventil. Die Mächtigen und Starken aber, die haben es in der Hand, die Dinge zu gestalten und zu verändern – oder sollten dies zumeist oder denken dies zumindest. Das hat schon etwas: Haben wir zum Beispiel langwierige, komplexe, kundenunfreundliche und teure Prozesse im Unternehmen, dann ärgern wir uns. Wenn wir uns ärgern, könnten wir diese Prozesse verändern. Wenn wir das nicht können, dann können wir zumindest noch dumme Witze darüber reissen, und vielleicht merkt dann «jemand», dass man die nervigen Prozesse verändern sollte. Sind die Gehälter der Obersten zu gross, können wir neidisch werden oder darüber spotten. Das Lachen erhält uns in eigentlich unzumutbaren und ungerechten Situationen, die wir nicht ändern können, psychisch und physisch gesund. Deshalb schickt es sich nicht, auf der Teppichetage zu lachen, denn hier müssten die Dinge richtiggestellt werden.

Es ist auch völlig unstatthaft, über Menschen zu lachen, die zu einem schwächeren Segment gehören, also Minderheiten, Rangniedere, Benachteiligte und alle Weniger-von-irgendetwas-Habende. Die meisten von uns gehören dazu. Wer aber nicht zu diesen Minder-Menschen gehören will, der soll gefälligst sofort aufhören zu lachen. Wenn schon, dann dürfen nur die entsprechenden Minder-Gruppen über sich selbst lachen. Also: Nur Schweizer dürfen Schweizerwitze erzählen etc. Über die kleinste Minderheit – sich selbst – zu lachen, ist allerdings immer gestattet, und es ist sogar sehr gesund, denn sich selbst zu ernst zu nehmen, ist weder lustig noch beziehungs-, noch karrierefördernd. Unseren Job, unsere Gesundheit, unsere Beziehung und unsere Kinder sollten wir ernst nehmen, aber nicht uns selbst. Nach dem Motto «Nur Schweizer erzählen Schweizerwitze» könnte auch die allerexklusivste Gruppe der Top-ManagerInnen sich erlauben, über sich selbst zu lachen. Das würde sie dann auch etwas erträglicher für alle anderen machen.

Sollten Sie also je zu den Top of the Tops gehören, dann hätten Sie es ja in der Hand, dass künftig auch im allerobersten Führungsbereich gelacht werden dürfte, und damit würden Sie wohl mehr für die Welt tun als unser Bundesrat, die Too-big-to-fail-Unternehmen und die Sport- und Popgrössen alle zusammen.

Altes abreissen, um Neues zu bauen …

Was in der Pubertät nervt, ist auch später schwierig

«Pubertät ist, wenn die Eltern schwierig werden …» Im Business gibt es diesen Zustand wieder; nämlich dann, wenn Mentoren, Ziehväter und -mütter schwierig werden. In langjährigen Führungsverhältnissen und in Firmen mit gesunden Unternehmenskulturen werden junge Führungskräfte gezielt gefördert und entwickelt, aber eben nur, bis sie «schwierig» werden.

Manchmal gibt es sogar ein Paten- oder Mentorensystem. So nimmt sich denn eine ältere Führungsperson einer jüngeren an und hilft dieser, indem sie ihr Ratschläge gibt, Feedback erteilt, Türen öffnet, Kontakte herstellt, Warnungen anbringt, Wogen glättet und Tricks verrät. So quasi ganz nebenbei werden auch die eigenen Werte und Glaubenssätze mitgeliefert. In der Regel passiert dies jedoch für beide jenseits der bewussten Indoktrination.

ONE
Menschen mit ähnlichen Wertesystemen mögen sich

Man denkt ähnlich, man hat ähnliche Präferenzen und Abneigungen, man teilt Ansichten und trifft sich zufälligerweise an ähnlichen Orten. Kurzum: Man versteht sich! Das Verhältnis von Eltern zu Kindern ist dem erfahrener Führungskräfte gegenüber Nachwuchskräften nicht unähnlich. Die Eltern sind schon da, wenn die Kinder kommen. Sie haben auch bereits ein Zuhause gebaut, in welchem bestimmte Spielregeln herrschen. Einrichtung und Tagesablauf sind von Geschmack und Lebensansichten der Eltern geprägt; auch die Nahrung entspricht den Überzeugungen und Vorlieben der Eltern. Als Kleinkind haben wir da auch nichts dagegen. Wir saugen die Werte, Kommunikations- und Verhaltensmuster so quasi mit der Muttermilch ein. Doch etwa vierzehn Jahre später geschieht etwas Ungeheuerliches: Wir merken, dass wir diese Werte, Verhaltens- und Kommunikationsmuster nicht mögen. Auch das Essen und die Einrichtung entsprechen nicht unserem Geschmack. Von der Musik, den elterlichen Interessen und den Büchern gar nicht zu sprechen! Und was die Ansichten und Haltungen der Eltern betrifft: schlichtweg peinlich. Wenn wir ganz ehrlich sind, dann mögen wir auch die Eltern nicht in dieser Zeit!

TWO
So werden die Eltern
«From hero to zero»

Und das ganz ohne eigenes Zutun. Eltern sind echt nicht zu beneiden in dieser Zeit. Jugendliche aber auch nicht, denn was sie durchleben, ist ebenso traumatisch. Die Pubertät ist die Zeit, in der wir unser eigenes Wertesystem aufbauen müssen. Genau wie der Bauch der Mutter in den ersten neun Monaten unser Lebenssystem ist, das wir verlassen müssen, um geboren zu werden, so ist das Elternhaus unser Wertesystem für die ersten 14 Jahre, das wir ebenfalls verlassen müssen, um als Mensch eigenständig zu werden. Es dauert etwas länger, ist aber ähnlich unbewusst für das Kind wie die Geburt. Um aber eben dieses Wertesystem zu bauen, müssen wir das alte Wertesystem – das, welches wir von unseren Eltern unbesehen übernommen haben – zerstören bis auf die Grundmauern! Wer würde denn schon ein Haus bauen auf ein Grundstück, auf welchem bereits eines steht!? So passiert in der Pubertät genau das: Wir schleifen das alte «Wertehaus» unserer Eltern, um Platz zu schaffen für ein neues, eigenes «Wertehaus». Für unsere Eltern wirkt das ziemlich respektlos und undankbar, denn sie sind nach wie vor überzeugt, dem heranwachsenden Menschen das Beste gegeben zu haben, und möchten das auch weiterhin tun. Für die Eltern ist ihr Bestes auch das Beste, nicht aber für die junge Frau oder den jungen Mann, der eine andere Lebensaufgabe hat und eine andere Umwelt vorfindet. Je einfacher es für die Eltern ist, loszulassen und dem jungen Menschen die Freiheit zu geben, sein eigenes Ding zu gestalten, desto einfacher ist die Zeit der Pubertät. Je weniger der junge Mensch gegen den Willen der Eltern kämpfen muss für sein Eigenes, desto besser kann die Beziehung bleiben.

> *«Verzeihen können! Das ist eine Kompetenz, die fast nie auftaucht.»*

THREE
Vom Nachwuchsstar …

Und nun im Geschäft? Stellen wir uns folgende Situation vor: Nathalie, eine hochbegabte und sehr leistungsorientierte Hochschulabsolventin kommt als Praktikantin in ein renommiertes Unternehmen. Der Marketingleiter wird schnell auf ihre sehr gute und kreative Arbeit aufmerksam. Er offeriert ihr eine Stelle als Productmanagerin in seiner Abteilung. Sie gibt ihr Bestes! Ihr Chef ist begeistert. Schon bald meldet er sie für den Führungskurs 1, dann 2 an. Er nimmt sie mit zu wichtigen Sitzungen, gibt ihr Tipps, hilft ihr bei den Präsentationen für wichtige Kunden und für die Geschäftsleitung. Nathalie blüht auf und entwickelt sich schnell zur erfolgreichen Jungmanagerin. Sie wird befördert und erhält ein eigenes Team. Auch die Führungsgrundsätze und -effizienz lernt sie von ihrem Vorgesetzten. Sie ist froh und dankbar für das Mentoring, das er ihr angedeihen lässt, und profitiert von seinen Erfahrungen, seiner guten Vernetzung und vom Goodwill, den er ihr immer wieder entgegenbringt. Zehn Jahre später erhält Nathalie einen eigenen Bereich. Verschiedene Umstrukturierungen haben dazu geführt, dass sich Firmenkultur, Schlüsselpersonen und Strategie ziemlich verändert haben. Neues Denken und neues Verhalten sind gefragt, um den neuen Gegebenheiten gerecht zu werden. Nathalie sieht ihre Chance gekommen und fühlt, dass sie ihrer Abteilung einen eigenen Stempel aufdrücken muss, dass sie bemerkenswerte Veränderungen initiieren muss, um als proaktive, kreative Frau der Zukunft gehandelt zu werden, wenn sie ins Topmanagement will, was sie durchaus möchte.

FOUR
… zum Karriere-Garst!

Kennen Sie diese Situation? – Die Fortsetzung sieht dann etwa so aus: Der langjährige Mentor und Vorgesetzte findet Nathalies Ideen nicht so cool, denn sie divergieren von seinen eigenen. Nathalie ist enttäuscht, dass genau die Person, die sie jahrelang so grossartig unterstützt und gefördert hat, sie in ihrem Denken nicht mehr begleiten will, und verteidigt ihre Ideen. Der Chef empfindet sie als daneben, als undankbar oder opportunistisch und wendet sich seinerseits ab. Im besten Fall bekämpft er sie nicht in ihren Anstrengungen, vielleicht fördert er aber auch gezielt ihre Mitbewerber oder versucht, an ihrem Stuhl zu sägen. Nathalie ist sauer und rächt sich. Sie brechen den Kontakt ab und wollen nichts mehr miteinander zu tun haben.

FIVE
Wenn das Baby das Baby verändern will!

Ist der Chef gleichzeitig der Vater – oder die Chefin die Mutter – ist das Ganze noch eine Stufe schwieriger, denn familiäre Beziehungen sind sehr viel direkter, weniger diplomatisch und höflich, dafür viel ehrlicher und authentischer. Kompliziert wird das vielleicht noch durch allfällige Geschwister, die Partei ergreifen. Auch ist es gerade in Unternehmerfamilien das «Baby» des Patriarchen, das nun verändert werden soll! So entsteht ein wahrer «Baby-gegen-Baby»-Krieg! Kein Wunder, lassen so viele Töchter und Söhne liebend gerne die Hände vom elterlichen Unternehmen – oder würden Sie das Elternhaus umbauen, solange die Eltern da noch drin leben? Als Tochter – oder Sohn – haben Sie also die Wahl, alles so zu belassen, wie es ist, in Konflikt zu treten oder sich ausser Haus zu entwickeln. Dabei würden die Konflikte jedoch nicht nur Ihr Berufsleben, sondern auch Ihr Privatleben tangieren.

Die Fortsetzung könnte jedoch auch so aussehen: Der seniore Vorgesetzte ist stolz darauf, dass Nathalie eigene Ideen entwickelt. Auch wenn ihm diese fremd und ungewohnt erscheinen, hat er so viel Vertrauen in sie, dass er diese mitträgt und ihr weiterhin hilft, ihre Ziele zu verwirklichen. Anstelle von Ratschlägen unterstützt er Nathalie mit Fragen, damit sie ihr Denken schärft und die Ungewissheiten noch besser ausleuchtet. Er spürt, dass er weniger gebraucht wird, auch wenn die Wertschätzung erhalten bleibt. So wird er ihr mehr und mehr Freiraum geben und sich anderen Dingen als ihrer Förderung zuwenden. Manchmal vermissen beide die häufigen Unterredungen und die vertrauensvollen Begegnungen, aber die Zeit lässt es weniger zu. Neue Kontakte und andere Aufgaben haben das Gemeinsame verdrängt. Ab und zu verabreden sie sich zum Lunch oder Abendessen und erzählen einander von ihren Erfolgen, manchmal von ihren Schwierigkeiten und geniessen die Freundschaft, die so selbstverständlich nicht ist und die bewusst gepflegt werden will in den seltenen verfügbaren Momenten.

SIX
So schaffen Sie den Ablösungsprozess

So einfach könnte es sein! In der Familie, aber auch im Geschäft. Was braucht es für den Erfolg von Ablösungsprozessen?

1. In jeder Beziehung, in welcher ein Gefälle vorhanden ist, braucht es irgendwann einen Ablösungsprozess. Beziehungen, die von Abhängigkeiten geprägt sind, sind Symbiosen. Um eine gleichberechtigte, partnerschaftliche Beziehung einzugehen, muss die symbiotische zuerst gelöst werden. Diese Ablösung ist ein natürlicher und sehr notwendiger Prozess, auch wenn er wehtut.

2. Unsere Eltern, unsere Lehrer und unsere Vorgesetzten sind Vorbilder für uns. Sie können uns begleiten, sie können uns sehr viel mitgeben, aber sie können nicht unser Leben für uns leben. Keine zwei Leben sind sich gleich. Wenn wir unser Leben selber gestalten, dann müssen wir unsere Vision, unsere Aufgabe, unsere Werte, unsere Fähigkeiten kennen und richtig einsetzen. Dazu müssen wir uns aller fremd übernommenen Werte- und Glaubenssysteme entledigen. Manchmal bauen wir dann wieder ganz ähnliche wie die, die wir eben niedergerissen haben. Auch das ist völlig in Ordnung.

3. Während dieser Zeit des Umbruchs ist es zentral wichtig, dass wir mit möglichst viel Bewusstsein und Respekt an die Sachen (und Beziehungen) herangehen. Zentral ist, die Person von ihrem Verhalten zu trennen: Ein Mensch ist nicht das, was er tut oder sagt. Unsere Ausdrucksformen sind nur teilweise von unserem Charakter, sondern vielmehr von unseren Ängsten und Sachzwängen geprägt.

4. Wertschätzung zeigen! Es ist wichtig und wohltuend, den Dingen gegenüber, die wir hinter uns lassen, eine hohe Dankbarkeit und Wertschätzung zu zeigen. Seien es Kleider, die wir nicht mehr tragen können oder wollen, sei es ein Auto, das wir nach 200 000 km gemeinsamer Wegstrecken nun doch verkaufen, seien es Jobs, die wir nach etlichen Entwicklungsschritten kündigen – sie

alle verdienen Wertschätzung und Dankbarkeit für das, was sie uns gegeben haben. Wie viel wichtiger ist dies jedoch für die Menschen, die uns die Steigbügel gehalten haben. Ist es wirklich so notwendig, uns in Streit und Abwertung hinein zu begeben, um die Bindungen zu lösen, die uns lästig oder zu Klammern geworden sind? Der Schmerz des Zurückgelassenen bleibt zwar, aber er ist vielleicht leichter zu ertragen und zu verarbeiten, wenn Wertschätzung und Dankbarkeit erkennbar sind. Und vergessen wir nicht: Eines Tages sind wir selbst Zurückgelassene! Wie möchten wir dann, dass uns begegnet wird? Möchten wir liebevoll traurig oder gehässig wütend getrennt werden?

5. Verzeihen können! Das ist eine Kompetenz, die fast nie auftaucht – schon gar nicht in der Managementliteratur. Wir verzeihen nicht dem anderen zuliebe, sondern in erster Linie, um uns frei zu machen vom Alten und Untauglichen. Je schneller wir verzeihen können, desto schneller können wir uns wieder auf das Neue konzentrieren – auch in Beziehungen.

Glass Ceiling oder warum tut mein Kopf schon wieder weh?

Ein Versuch, das Unsichtbare zu beleuchten

Jahrelang versucht Kay in seinem Unternehmen weiterzukommen. Er arbeitet gut. Seine Jahresendgespräche bestätigen ihm, dass er weit überdurchschnittlich leistet. Er bildet sich weiter und «sammelt» Abschluss um Abschluss, um für sein Unternehmen noch wertvoller zu sein. Er kümmert sich um formelle und informelle Netzwerke und ist stets präsent an sozialen Anlassen seiner Firma. Er bemüht sich um gute Beziehungen und das 360 Grad. Eigentlich macht Kay alles richtig. Trotzdem gelingt es Kay nicht, befördert zu werden. Jahr für Jahr wird er geflissentlich übergangen und mit faden Ausreden abgespeist. Glass Ceiling?

Ralph ist Künstler. Ein sehr guter sogar! Er wird als Musiker gefeiert, als Mensch geschätzt und wahrgenommen, als Experte gesucht. Ralph hat seine Karriere geschafft. Er ist wer und seine Eltern sind stolz auf ihn. Seine Erfolge sind überzeugend. Jetzt ist es an der Zeit, dass sich Ralph um die wirklich wichtigen, renommierten und traditionsreichen Funktionen in seiner Heimat bewirbt. Doch keine dieser Stellen wird ihm übertragen. Glass Ceiling?

Wenn Candace arbeitet, ist das immer auf dem höchsten Niveau. 100 Prozent sind ihr selten genug – sie geht weiter und bricht Grenzen auf. Vor einigen Jahren hat sie bestimmte Moleküle untersucht und dabei bahnbrechende Entdeckungen gemacht. Einige der Methoden, die sie angewandt hat, wurden wurden patentiert. Ihre Experimente sind nachvollziehbar und extrem nutzbringend und profitabel. Seit dieser Zeit wird sie regelmässig von Forschungskollegen zitiert, gebeten, in «peer-reviewed» Fachjournalen zu publizieren und weltweit an Konferenzen zu präsentieren. Aufgrund ihrer weit über die Grenzen hinaus bekannten Arbeiten kriegt sie leicht Mittel und Menschen, um weiter zu forschen. Sie weiss, dass ihre wissenschaftlichen Errungenschaften nobelpreiswürdig sind. Das wird ihr auch attestiert und sie wird sogar vorgeschlagen. Den Nobelpreis erhält jedoch einer ihrer früheren Vorgesetzten und zwei ihrer Kollegen. Glass Ceiling?

Einmal mehr jubeln die Zuschauer und spornen die Fans ihren Star an. Susan ist ein Vorbild. Susan fährt Ski. Besser noch, sie fährt Skirennen und sie gewinnt. Selbst in gemischten Teams von Männern und Frauen gewinnt sie. Sie fährt gut, sie fährt sicher und sie fährt mit Freude und Leichtigkeit. Warum versagt jedoch die Messuhr regelmässig – respektive auffallend häufig –, wenn es «um die Wurst geht»? Die Übungsläufe zeigen ihre Überlegenheit, doch im eigentlichen Lauf gibt es Unregelmässigkeiten, aufgrund welcher sie disqualifiziert wird, wiederholen muss oder gar nicht bewertet werden kann. Glass Ceiling?

Kumar sucht eine Wohnung. Er arbeitet in einer lokalen mittelgrossen Firma und verdient ein mittleres Einkommen. Er hat Familie, er hat keine Haustiere, er ist ehrlich, zuverlässig und in seiner Firma recht beliebt. Eigentlich wäre er ein ganz unauffälliger Mensch mit unauffälliger Familie, wäre da nicht sein ethnischer Hintergrund, der auf den ersten Blick sichtbar ist. Kumar hat mittlerweile über dreissig Absagen, aber keine Wohnung. Glass Ceiling?

Schnell, manchmal zu schnell, sprechen wir von der «glass ceiling» der unsichtbaren Barriere. Ohne zu wissen, warum, stossen wir an Grenzen. Ohne eigenes Verschulden landen wir in Sackgassen. Ohne zu verstehen, warum, laufen wir ins Leere. Doch eigentlich müsste es funktionieren. Der Prozess ist fehlerfrei, die Voraussetzungen sind da. Das Fiese daran ist, dass diese Barriere unsichtbar ist. Wir sehen sie nicht und deshalb können wir ihr Wesen nicht begreifen. Sie scheint auch nicht immer da zu sein und auch nicht für alle. Gewisse Menschen nehmen sie gar nicht wahr, andere zerbrechen daran. Sie scheint auch keine Gesetzmässigkeiten zu haben, an welchen wir uns orientieren können. Manchmal schlägt sie zu, manchmal nicht. Wir können sie nicht bekämpfen, weil wir sie nicht zu fassen kriegen.

Wir können sie nicht umgehen, weil wir nicht wissen, wo sie anfängt und wo sie endet. Wir können sie nicht ignorieren, weil wir uns zu fest stossen daran. Wir müssen mit ihr leben und sie akzeptieren, aber irgendwie geht das auch nicht.

Die «glass ceiling» gibt es nicht! Verlassen wir diesen Mythos und schauen wir hinter diese unsichtbare Barriere. Es sind in der Regel Machenschaften von Menschen – wenigstens da, wo es sich nicht um Naturgesetze handelt. Glass Ceilings sind die im Hintergrund gezogenen Fäden: meistens nicht ganz fair, oft nicht ohne Eigeninteresse, ab und zu korrupt. Gäbe es die Glass Ceiling, dann könnten wir sie fassen, denn auch Glas hat ganz konkrete Eigenschaften. Schauen wir uns die einzelnen Geschichten nochmals an: Die Glass Ceilings sind meistens nur für den nicht erkennbar, der sie gerade erlebt. Betrachten wir das Umfeld weiträumiger und suchen wir die Akteure, dann gibt es schon Gründe und Verantwortliche für diese sogenannte Glass Ceiling.

Wettbewerb und Überfluss

Was Kay erlebt, erfahren viele. Karrieren sind für viele Arbeitende immer noch attraktiv. Mehr Geld, mehr Macht, mehr

Status, mehr Gestaltungsfreiraum und mehr Freiheit wünschen wir uns (fast) alle, und genau das verspricht die Karriere. Kein Wunder also, dass Kay sehr viel dafür tut, weiterzukommen. Doch auch wenn er alles richtig macht, heisst das nicht, dass die Beförderungen automatisch kommen. Denn genau wie Kay bemühen sich viele seiner Kolleginnen und Kollegen darum, einen grösseren Sessel auf einer höheren Etage zu ergattern. Die Ingredienzen für den Berufserfolg sind bekannt. Seminare bieten sie als Teil des Curriculums an. Coaches, Consultants und Trainer haben sie längst durchschaut und helfen ihren Klienten, sie optimal einzusetzen. Selbsthilfebücher, Kurse, Ratgeber und schon die Grundausbildungen weisen darauf hin. Wen erstaunt es also, dass es auch bei besten Voraussetzungen, höchstem Einsatz und punktgenau umgesetzten Vorgehensweisen halt immer noch zu viele Bewerber gibt, sodass nur wenige berücksichtigt werden? Würden wir denn von Glass Ceiling sprechen, wenn wir schon zum dreihundertsiebenundachtzigsten Mal keinen signifikanten Lottogewinn haben? Eben keine Glass Ceiling, sondern schlicht und einfach die Konsequenz der Wahrscheinlichkeit, die auch hier erbarmungslos zuschlägt.

«Wenn wir Prinzipien haben, dann kosten die uns auch etwas.»

Warum bleiben wir denn dran? Warum investieren wir so viel für eine mögliche Karriere oder für ein Los, obwohl wir wissen, dass die Chancen ungünstig stehen? Weil halt einer gewinnen muss und wird und das könnte man ja selber sein … Egal, wie klein die Chance ist, ist sie doch grösser, als wenn wir gar nicht mitspielen. Ob sich das lohnt, kommt auf den Preis an, den wir dafür bezahlen, respektive auf den Opportunitätsgewinn, den wir woanders nicht wahrnehmen aufgrund unseres Entscheids, hier mitzumachen.

Die beste Strategie, welche wir in solchen Situationen wählen können – vorausgesetzt alle Bedingungen zum Mitmachen sind erfüllt –, ist, sich nicht zu versteifen auf das Resultat, sondern auf den Prozess zu vertrauen, diesen zu gestalten und auf Glück zu hoffen. Überall da, wo Nachfrage das Angebot übersteigt, gilt es, zum richtigen Zeitpunkt am richtigen Ort zu sein respektive in der richtigen Woche die richtigen Zahlen einzusetzen. Das wäre relativ simpel, wäre da nicht die Sache mit der Wahrscheinlichkeit. Das bringt uns auf die zweite Überlegung, die Opportunitätskosten: Was sonst könnten wir mit unseren Fähigkeiten, unserer Energie und unseren Ressourcen sonst noch tun? Gäbe es nicht Möglichkeiten, die ebenso viel Spass, Erfolg, Gewinn und Anerkennung böten wie das, wofür ich mich gerade einsetze? Ist es nicht wie bei einem Aquarium, das auf dem Meeresgrund steht? Einen Meter höher schon gäbe es keine Glasgrenzen mehr. Einen Schritt zurücktreten, das Ganze mal gut überdenken und dann entscheiden, ob das, was wir gerade tun, auch wirklich unsere beste Option ist.

In Kays Fall bedeutete dies, dass es auch Leben ausserhalb seines Unternehmens gibt. Würde er sich mit seinen Leistungsausweisen dem Arbeitsmarkt stellen, dann könnte es durchaus sein, dass er die angestrebte Position in einer anderen Firma verwirklichen kann.

Unberücksichtigte Faktoren, verborgene Auswahlkriterien und Erfolgsstopper

Ralphs Fall ist etwas schwieriger. Da gibt es zwar auch Konkurrenz, aber auf diesem hohen Niveau wenig. Menschen wie Ralph sind gesucht. Die Zeit, in der sich die Geschichte zutrug, war die des kalten Kriegs. (Glauben Sie jetzt nur nicht, dass dieser vorbei ist, und dies heute nicht mehr geschehen könnte.) Der Ort sein liberales, demokratisches, kapitalistisch orientiertes Heimatland, dem er sehr verbunden war. Ralph war in diesem ein «Linker», sehr sozialistisch und mit grosser Sympathie für den Kommunismus. Er war zwar kein Revoluzzer, wenigstens nicht im gewalttätigen Sinn, aber er war ein Freidenker und kein scheuer, stiller. Aus beruflichen, weniger aus ideellen Gründen reiste Ralph häufig hinter den eisernen Vorhang, was in seinem Heimatland nicht unbeobachtet blieb. Ralph hatte zuhause eine Fiche, von der er selbstverständlich nichts wusste. Hingegen die, die an den Schaltstellen für die oben genannten wirklich wichtigen, renommierten und traditionsreichen Funktionen sassen, die kannten die Fiche, wie sie auch alle anderen in minutiöser Kleinarbeit von Laiendetektiven, sprich Bekannten, Nachbarn und Kontaktpersonen, erstellten Fichen kannten. Ralph kam da nicht gut weg in seinen Fichen, auch wenn nicht alles wahr war, was darin aufgelistet war, denn wer prüfte das schon. Die zusammengetragenen «Fakten» waren diesen Weichenstellern von Karrieren meist schon genug. Da Ralph voll auf seine künstlerische Arbeit ausgerichtet war, obwohl er sich auch sehr für das Zeitgeschehen interessierte, obwohl er auch ein scharfer Denker war, der sich durchaus mutig und eloquent ausdrückte und sich dabei nicht nur Freunde schuf, obwohl er auch freundlich, grosszügig, empathisch und hilfsbereit war, vermutete er nicht mal, dass er eine Fiche haben könnte, denn als Staatsfeind, zumindest als ein potentieller, hatte er sich nun wirklich nie gesehen. Im Gegenteil: Er engagierte sich vielseitig, schuf Neues und Wichtiges und kam seinen bürgerlichen Pflichten in jeder Hinsicht nach.

Immer wieder versuchte er gezielt, bestimmte, für ihn sinnvolle, attraktive Funktionen zu bekommen, und immer wieder wurden – zumindest aus seiner Warte, aber auch im Urteil vieler anderer Menschen – weniger qualifizierte und geeignete Bewerber berücksichtigt. Das war ziemlich frustrierend für Ralph, sodass er sich zunehmend vom bestehenden Establishment abwandte. Ob er dieses aus wiederholter Frustration verunglimpfte, ist der Autorin nicht bekannt, man hätte es ihm aber nicht übel nehmen können, denn wer hat schon den Gleichmut, immer wieder verletzt zu werden, ohne irgendwann auch zurückzuschlagen? Doch genau darauf hätten die Schaltstelleninhaber gerade gewartet, um ihn dann erst recht der Unangepasstheit und Gefährlichkeit zu überführen. Erst Jahre später konnte Ralph seine Fiche einsehen und verstand dann plötzlich vieles, das sich vorher wie eine Glass Ceiling angefühlt hatte.

Wie gehen wir mit solchen Situationen um? Manchmal hilft Intuition, die uns darauf hinweist, wo wir suchen müssten. Manchmal hilft es, Feedback einzuholen und mit Menschen, die es wissen müssten, Gespräche zu führen im Sinne von: «Was würde es brauchen, dass ich ein valabler Kandidat wäre?» Manchmal bringt das Hinweise darauf, wie wir sein und was wir tun müssten, um berücksichtigt zu werden, und manchmal wollen wir das halt einfach auch nicht. Wenn wir authentisch bleiben, dann kommen wir wohl nicht umhin, in gewissen Kreisen unpopulär zu sein. Wenn wir Prinzipien haben, dann kosten die uns auch etwas, sonst sind es keine Prinzipien. Allerdings wird es eher schwierig, in einem adversen Umfeld Erfolg zu haben. Gegen den Strom zu schwimmen ist definitiv langsamer als mit dem Strom, genau wie gegen den Wind zu segeln.

Die verborgenen Kriterien zu suchen, zu überlegen, ob es Faktoren gibt, welche wir (noch) nicht in Betracht gezogen haben, zu reflektieren, was es denn sein könnte, das unseren Erfolg immer wieder verhindert, ist Denkarbeit, in welcher wir allein nicht weiterkommen. Oft fokussieren wir uns auf die Dinge, von welchen wir denken, dass sie die entscheidenden Schlüsselerfolgsfaktoren sind, optimieren und betonen diese und lassen alles andere links – in Ralphs Fall rechts – liegen. Sobald wir den Horizont erweitern, nachfragen, offen sind, dann könnte es sein, dass wir Bedingungen wahrnehmen oder Fingerzeige erhalten, die wir normalerweise ignorieren. Ob wir uns danach ausrichten, ist dann wiederum der eigene, idealerweise bewusst gewählte Entscheid, bei aller Unfairness, welche dahintersteht. Doch wie die bedeutende Familientherapeutin Virginia Satir schon gesagt hat: «Life is not as it should be – life is as it is!» (Das Leben ist nicht so, wie es sein sollte, es ist, wie es ist.)

Netzwerke der Macht und Privilegien

Wer kennt sie nicht, die «old boys networks», die mehr oder weniger geheimen Zugehörigkeiten, welche darüber bestimmen, ob ich darf oder nicht darf. Netzwerke schaden nur dem, der sie nicht hat, dem aber gründlich! Was Candace erlebte, ist extrem unfair. Obwohl sie international zu den Spitzenkräften in ihrem Gebiet gehört, obwohl sie bahnbrechende Entdeckungen gemacht hat, obwohl sie eine Pionierin der

Superklasse ist, wird sie übergangen. Mehr als übergangen: Ihre Erfolge wurden abgezogen und auf ein «anderes Konto» geschaufelt. Candace ist daran fast zerbrochen, denn es handelte sich um ihr Lebenswerk, das sie nicht wiederholen konnte.

Um «old boys» ging es definitiv. Candace arbeitete als Frau in einer Männerdomäne. Hätte man ihr den Erfolg gelassen, dann wäre das für die führenden Kapazitäten irgendwie beschämend gewesen. Ausserdem, wer will denn nicht schon eine der renommiertesten Auszeichnungen der Wissenschaft für sich beanspruchen? Natürlich war sie als Forscherin und als Wissenschafterin akzeptiert. Natürlich wurde sie anerkannt und geschätzt für ihre Errungenschaften. Doch die Resultate selber, die wurden den Männern um sie herum zugeschrieben. Als es dann um den Jackpot in Science, den Nobelpreis, ging, da scheute sich der frühere Vorgesetzte nicht, die Geschichte umzuschreiben und sich und seine «buddies», seine Kollegen, in den Vordergrund zu spielen. Plötzlich war Candace nicht mehr die Urheberin, sondern eine Mitarbeiterin. Plötzlich war sie nicht mehr die führende Expertin, sondern ein Teammitglied. Plötzlich kamen Namen ins Spiel, die zwar auch früher beteiligt, nun jedoch sehr prominent wurden.

Ja, es gibt sie: die Kasten, die Vereinigungen, die Bünde, die Netzwerke, die wir alle kennen. Manche sind zugänglicher als andere. Manche sind gegen aussen nicht sichtbar – ihre Mitglieder treffen sich diskret und tragen keine Erkennungszeichen. Zu andern wird man eingeladen, sie werben für die passenden Mitglieder und geben kleine, feine Anstecknadeln ab an die Auserwählten, mit deren Hilfe sie sich anderen Auserwählten zu erkennen geben. Die Grundfrage ist jedoch immer: Ist man dabei, oder ist man nicht dabei? Die Auswahlkriterien diskriminieren so auf ganz natürliche Weise ganze Bevölkerungsgruppen, indem nur Männer, nur Amerikaner, nur Weisse, nur Akademiker etc. zugelassen werden. Die Privilegien werden dann unter diesen verteilt. Im Falle von Candace war das nicht so glasklar. Theoretisch und praktisch kriegen auch Frauen Nobelpreise, nur halt eben nicht so oft. Genau diese diffusen Kriterien machen es schwierig, die Diskriminierung aufzuzeigen, denn es gibt immer wieder Beispiele, die das Gegenteil zeigen. Bis zum heutigen Zeitpunkt gibt es sie zwischen Männern und Frauen, Schwarzen und Weissen, Inländern und Ausländern: statistische Gefälle, die rational nie so ganz erklärbar sind. Gehört man zum richtigen Netzwerk, dann ist das Leben einfach etwas einfacher, wenn nicht, dann geht es in Ausnahmefällen trotzdem, statistisch gesehen aber sehr viel seltener.

> *«Falls Sie Erfolg haben, dann beteiligen Sie Ihr Umfeld an Ihrem Glück.»*

Was ist zu tun? Einerseits können wir versuchen, in die relevanten Netzwerke hineinzukommen. Wie? Indem wir uns mit Menschen, die schon drin sind, anfreunden. Indem wir uns die Erkennungsmerkmale der für diesen Kreis Wählbaren aneignen. Es hilft zwar, gut Golf zu spielen, um in einen renommierten Golfclub zu kommen. Es hilft aber sehr viel mehr, zur obersten Schicht des Geldadels zu gehören, um in den gleichen Golfclub zu kommen, ob man nun Golf spielt oder nicht … Die offiziellen Erkennungsmerkmale sind oft nicht die, welche wirklich eine Rolle spielen. Also aufgepasst!

Wer jedoch genügend Mut, Einfluss, Widerstandsfähigkeit, Resilienz und Energie hat, der kann auch versuchen, diskriminierende Netzwerke aufzubrechen und zugänglich zu machen. Deshalb dürfen Frauen heute studieren, wählen und Verträge unterzeichnen und deshalb sitzen Schwarze und Weisse im Bus und im Konzert nebeneinander. Netzwerke schaffen fast immer Chancenungleichheit, vor allem die geschlossenen Netzwerke, und deshalb lohnt es sich auch, dagegen anzukämpfen, selten jedoch für die Kämpfer und Kämpferinnen, die oft einen übergrossen Preis bezahlen, sondern für die Nutzniessenden, die diesen starken, selbstbestimmten Menschen dann nachfolgen.

Neid, Eifersucht, Eigennutz und ein bisschen kriminelle Energie

Einmal mehr gibt es keinen Grund, warum Susan nicht gewinnen sollte: Gerade im Sport gibt es messbare Resultate, dies auf Hundertstelsekunden genau. Genau deshalb ist es einfach, den Gewinner oder die Gewinnerin zu ermitteln. Gerade deshalb ist es auch schwieriger, dem oder der Besten den Gewinn und damit die Ehre und das Preisgeld zu vereiteln. Was aber, wenn diese Person nun doch nicht gewinnen soll? Trotz Bestleistung? Dann hilft nur noch, das Spiel zu vereiteln. Idealerweise mit zwar moralisch verwerflichen, aber doch noch legalen Mitteln, wenn das nicht geht, dann eben mit anderen. Oft ist, was aussieht wie ein Versehen, ein Unfall oder Pech, perfekte Strategie und Taktik. Erst wenn sich diese Pechsträhnen statistisch unverhältnismässig häufen, dann wird es auffällig und für Untersuchungen anfällig. Der Vater solcher Untaten ist der Neid, die Mutter die Eifersucht und meistens gepaart mit direktem oder indirektem Eigennutz.

Wie können wir uns dagegen wehren? Leider meistens gar nicht, denn wenn es passiert, dann ist es längst zu spät und die Sache schon gelaufen. Im Vorfeld hingegen, da gibt es schon gute Gegenstrategien: Am besten, wir lassen Neid und Eifersucht erst gar nicht aufkommen. Ein paar davon seien hier erläutert:

Erstens: Falls Sie Erfolg haben, dann beteiligen Sie Ihr Umfeld extensiv an Ihrem Glück. Wer profitiert, der hat viel weniger Interesse daran, die Gans, die goldene Eier legt, in die Pfanne zu hauen. Je altruistischer Sie sich verhalten, desto weniger Neider kreieren sie.

In unserer systemisch verbandelten Quantenwelt ist es halt so, dass alles Auswirkungen auf das Umfeld und speziell auf die Mitmenschen hat. Je mehr Sie also teilen, desto mehr erhalten Sie Bewunderung anstelle von Neid und Eifersucht. Nicht immer, aber oft.

Zweitens: Jean Paul Getty sagte einmal: «Wirkliche Freundschaft ist nur zwischen Menschen der gleichen Einkommensklasse möglich.» J. P. Getty war jetzt nicht wirklich arm und wusste, von was er sprach. Feiern Sie Ihre Erfolge unter Erfolgreichen. Zeigen Sie Ihren Wohlstand unter Ihresgleichen. Überall da, wo Gefälle besteht, möchten die weniger vom Glück Verwöhnten mithalten. Wenn das für Sie in Ordnung ist (siehe erstens), dann teilen Sie. Falls Sie das gerade mal nicht möchten, dann halten Sie sich zurück. Ist ja nicht unbedingt notwendig, dass Sie als Wohltäterin mit Brillantschmuck Obdachlose besuchen oder als Architekt mit dem Porsche auf der Baustelle für soziale Genossenschaftswohnungen vorbeischauen.

Angst, Vorurteile und Diskriminierung

Ahmeds, Kumare, Onobos, aber auch Menschen in weniger angesehenen Berufen haben es schwer in unserer Welt. Sobald wir aus unserem gewohnten Kreis ausbrechen, vertrieben werden oder flüchten müssen, wird das Leben als Fremder unter Fremden anspruchsvoll und mühselig. Mit dem Fremden haben wir uns nicht befasst, befassen wir uns nicht und werden uns nicht befassen. Es interessiert uns nicht, wir verstehen es nicht, wir mögen es nicht, denn sonst wäre es nicht das Fremde, sondern das Spannende, das Vertraute, das Inspirierende. Dazu gehören die Ahmeds, Kumare und Onobos in unserer Welt nicht. Am liebsten hätten wir gar nichts mit ihnen zu tun. So bilden wir uns getrost in Introspektion und aufgrund von Beispielen aus Presse und (sozialen) Medien unsere Meinungen und selbstverständlich fundierten Vorurteile, denn wo kein Feuer ist, ist auch kein Rauch. Wir lesen später dann nur noch, was diese unterstützt und verbreiten solche Artikel wenn möglich auch noch, den Rest lassen wir unberücksichtigt.

Sucht dieser eine und spezielle Kumar jetzt eine Wohnung, dann wissen wir ja schon, was wir von Kumaren zu denken haben. Wir haben einfach auch Angst, dass diese wohlgenährten Vorurteile auch in diesem Fall wahr sein könnten. Wir schauen gar nicht so genau hin, denn man weiss ja schon, wie die Kumare sind. (Das wiederum begünstigt natürlich, dass die Kumare auch so werden, was uns dann wiederum beweist, dass unsere Vorurteile voll ins Schwarze treffen.) Kumar wird also

> *«Die Glass Ceiling sind Menschen, welche sich nicht korrekt verhalten.»*

nur eine Wohnung finden, wenn es einen Menschen – in diesem Fall einen Hauseigentümer oder einen Vermieter – gibt, der noch nicht von Vorurteilen infiziert ist.

Was wir tun können, ist klar. Doch was kann Kumar tun? Sollte es Kumar gelingen, trotz Vorurteilen Einheimische kennenlernen zu können, dann wird das etwas aufgeweicht. Es klingt dann etwa so: «Weisst du, er ist ein Ausländer, aber er ist so ganz anders als all die anderen Ausländer, er ist echt nett und absolut sauber und zuverlässig …». Vielleicht schafft es Kumar dann sogar, eine Wohnung zu kriegen mit ganz viel Unterstützung und Rückhalt von Menschen, die ihn kennengelernt haben, die sich die Mühe gemacht haben, ihn kennenzulernen und sich mit ihm und seiner Kultur auseinanderzusetzen. Kumar könnte sich also konsequent immer wieder unter die Menschen mischen, die ihn gar nicht so gerne um sich haben möchten. Er könnte ihre Sprache lernen, ihre Sitten verstehen und kopieren. Er könnte sich so verhalten, wie wenn er dazu gehören würde (siehe auch Netzwerke) und sich so seinen eigenen, weltoffenen, unvoreingenommenen Freundeskreis bilden.

Diese Beispiele sind nicht aus der Luft gegriffen. Sie sind im Umkreis der Autorin passiert. Vielleicht nicht genau so, aber sehr ähnlich. Zum Teil sind sie dokumentiert in Autobiografien wie der von Candace. Die Glass Ceiling erleben wir zwar nicht täglich, aber häufig, doch es gibt sie nicht. Die Glass Ceiling sind Menschen, welche sich nicht korrekt verhalten einerseits, anderseits Menschen, welche gewisse Gesetzmässigkeiten nicht wahrhaben wollen. Die fünf Beispiele sind nur Vignetten, wie eine Glass Ceiling aussehen kann. Die Erscheinungsform von Glass Ceilings ist sehr, sehr vielseitig, variabel, subtil und fies. Schauen wir dahinter, denn Glas soll ja durchsichtig sein, und decken wir das auf, was sich als Glass Ceiling präsentiert! Doch Vorsicht: Glas ist dann am gefährlichsten, wenn es splittert.

«Gott vertrauen wir – alle anderen müssen Daten bringen!»

… sagte Edwards Deming, ein berühmter amerikanischer Statistiker und Qualitätsmanager. Er hat dafür viele Lacher gekriegt und wird oft zitiert. Nicht umsonst, denn was haben die Heere von Mikromanagern und Mikromanagerinnen, Kontrolleuren und Sicherheitsleuten gemeinsam? Sie haben Angst! Vielleicht ist das ja auch nur ihr Job, und vielleicht ist die Angst auch nicht nur auf sie begrenzt. Vertrauen Sie? Und falls ja, wem oder was? Haben Sie auch einen guten Grund dafür?

Vertrauen als solches steckt zurzeit in einer tiefen Krise. Einerseits, weil Lügen und Betrügen bis ins oberste Management und in die oberste Politik salonfähig geworden sind, anderseits, weil die Welt globaler, digitaler und dadurch vor allem anonymer geworden ist. Umgangsformen sind am Zerfallen, und vor der Hölle fürchten wir uns mittlerweile auch nicht mehr so sehr. Das macht das Lügen und Betrügen einfacher, denn wir sind viel weniger mit dem verursachten Leid konfrontiert. Blockchain-Abzocker kennen ihre Opfer gar nicht – es sind nur Daten und Codes, welche weder Trauer noch Schmerz noch Wut empfinden. Der Handschlag als Versprechen ist längst vom Passwort abgelöst worden, und schauen Sie einmal einem Computer in die Augen, um seine wahren Absichten und Gefühle erahnen zu können! Na ja, Computer haben etwa so viel Gefühl wie Ihr Badezimmerspiegel – sie verursachen sie nur. Sind Menschen – vor allem gefühlvolle – deshalb vertrauenswürdiger als Computer?

Die Frage «Wem oder was vertrauen wir?» ist grundsätzlich falsch gestellt, denn konditionelles Vertrauen ist genauso viel wert wie konditionelle Liebe, die auch keine Liebe ist, sondern reine Manipulation. Im Buddhismus wird zwischen kleinem und grossem Vertrauen unterschieden: Kleines Vertrauen ist, wenn wir einen Grund oder ein Objekt brauchen, dem wir vertrauen. Dabei diskriminieren wir ganz schön: dem ja, dem nein, dem vielleicht, dem … weiss nicht (was eigentlich auch nein heisst). Genau aus dieser Ecke kassieren wir dann mit hoher Wahrscheinlichkeit auch die Enttäuschungen, denn einerseits können wir das gar nicht so genau abschätzen, ob jemand oder etwas vertrauenswürdig ist – wir sind ja nicht hellsichtig –, anderseits hängt das immer auch von der Loyalitätshierarchie, der Situation, möglichen Charakterveränderungen sowie der Beziehung zum und der Tagesform des Gegenübers ab. Beim klassischen Typ-1-Fehler (wir haben vertraut, aber das Gegenüber hat das nicht gewürdigt) geht's ja noch, der ist schnell offensichtlich, und wir können daraus lernen. Viel schlimmer ist der Typ-2-Fehler (wir haben nicht vertraut, aber das Gegenüber hätte Vertrauen verdient), denn wir haben uns damit gerade um eine wunderbare Erfahrung gebracht und gleichzeitig einen wertvollen Mitmenschen vor den Kopf gestossen. Nicht nur das, der Typ-2-Fehler schafft eine schlechtere Welt durch den Generalverdacht, dass Menschen nicht vertrauenswürdig sind. Wenn ich nun als Mensch schon so gesehen werde, warum sollte ich denn einem gar nicht vorhandenen Vertrauen gerecht werden? Menschen können sich ganz schön trotzig zeigen, wenn sie das Gefühl haben, überwacht und kontrolliert zu werden. Das kleine Vertrauen ist im Grunde genommen eben gar kein Vertrauen, denn ich gebe es ja nur, wenn ich davon ausgehe, dass es auf guten Boden fällt, und minimiere so mein Risiko. Die Angst und der Zweifel hocken da ganz wachsam auf beiden Schultern und äugen misstrauisch herum, ob da nicht doch noch irgendwo ein ganz kleiner, fast nicht wahrnehmbarer Missbrauch herumschwirren könnte. «Vertrauen ist gut, Kontrolle ist besser», war das Motto von Lenin, was wohl auch erklärt, warum ich einem Unternehmen, mit dessen obersten Führungskräften ich in aller Diskretion arbeite, Originalspesenbelege für meine Reisespesen überlassen muss. Das kleine Vertrauen ist nicht einmal logisch!

Das grosse Vertrauen hingegen, das braucht weder Grund noch Objekt, genau wie bedingungslose Liebe. Es schert sich auch nicht um die Frage, ob dieses gegebene Vertrauen gewürdigt oder missachtet wird. Es ist einfach da und wird als Vorleistung und ohne Rückversicherung gegeben, wie Sonnenstrahlen wird es in die Welt geschickt und fällt manchmal auf guten, manchmal auf schlechten Grund. Ist denn das nicht blöd, einfach so zu vertrauen in der heutigen Zeit? Manchmal schon, aber es ist halt einfach eine Haltung, die mit Überzeugung gelebt wird. Was glauben Sie: Werden Sie öfter übervorteilt oder belogen, wenn Sie bedingungslos vertrauen und nicht kontrollieren? Stimmt es wirklich, dass Gelegenheit Diebe macht? Gerade bei Betrugsfällen zeigt es sich, dass Betrüger die Radarsysteme und Tests wirkungsvoll ausschalten und umgehen. Vertrauensmissbrauch können Sie nie verhindern, denn er hat mit Ihnen wenig zu tun und ist Sache des anderen. Anderseits haben Sie selbst eine bessere Ausstrahlung, erhalten mehr Sympathie und schaffen ein positiveres Klima um sich herum, wenn Sie sich getrauen zu vertrauen. Oft braucht das Mut, oft auch sehr viel Mut, und es ist nicht gefahrlos, grundsätzlich zu vertrauen. Doch es ehrt den/die EmpfängerIn und kann beim einen oder anderen sehr vieles auslösen, sogar lebensverändernd sein, wenn jemand, der/die das eigentlich gar nicht verdient hat, Vertrauen bekommt, wie das zum Beispiel im Roman «Les Misérables» von Victor Hugo überdeutlich gezeigt wird.

Edwards Deming war nicht der Einzige, der damals davon ausgegangen ist, dass Menschen grundsätzlich nicht vertrauenswürdig sind und deshalb kontrolliert werden müssen. Das Zeitalter der Industrialisierung hat die Menschen aus ihrer Eigenverantwortung als Bauern und Handwerker geholt, sie in Systeme und Prozesse gepfercht und dann mächtig überwacht, kontrolliert und genormt, denn nur Normmenschen kommen klar mit normierten Strukturen und Maschinen. Da diese Menschen in dieser Situation oft tief unglücklich waren, mussten sie motiviert, manipuliert und gezwungen werden, und das brauchte eine starke Kontrolle. Hat sich das denn so stark verändert? Das Menschenbild, das dahintersteht, hat mittlerweile einen grossen Teil der Arbeitsfreude, Kreativität und Initiativbereitschaft zerstört. Das alternative Menschenbild, das von vertrauenswürdigen Menschen ausgeht, stimmt vermutlich auch nicht in jedem Fall, doch im Grossteil der Fälle bestimmt. Wir liegen damit somit weniger oft falsch als mit dem ersten Modell. Falsch ist es auch nicht, Menschen, Eigentum und Anvertrautes vor irreparablen Schäden durch fiese, kriminelle Machenschaften zu schützen mittels Verträgen, einer guten Legislatur, einer intelligenten Exekutive und viel Wachsamkeit. Betriebswirtschaftliche Überlegungen sind durchaus angebracht in der Schadensbemessung, denn die Schäden, die in den Psychen und Seelen von Menschen und der Kultur von Unternehmungen verursacht werden durch kleines oder gar kein Vertrauen, durch Kontrollfreakiness, Mikromanagement, komplizierte Abläufe und redundante Prüfungen sind nicht minder beträchtlich, auch wenn wir uns längst an sie gewöhnt haben und sie weder beziffern noch wahrnehmen. Wer Kinder hat, weiss, dass sich junge Menschen nur in einer vertrauensvollen, ermutigenden Umgebung gut entfalten. Warum sollte das denn bei Mitarbeitenden anders sein?

Vertrauen hilft uns vor allem selbst, weil wir viel besser drauf sind, wenn wir vertrauen. Unsere Gedanken sind positiver, unsere Gefühle offener und liebevoller, unsere Handlungen mutiger, unsere Persönlichkeit sympathischer und gewinnender. Wie man in den Wald hineinruft, so schallt es heraus: Wir kreieren mit unserem Vertrauen Vertrauen auf der Gegenseite. Genau wie den frühen Blühern, die den ersten Son-

> *«Was hätte die Frühlingsblumen daran gehindert, es im nächsten Frühling nicht doch wieder zu probieren?»*

nenstrahlen im Frühling vertrauen und nicht immer überleben, kann es auch uns gehen … Es gibt keine Sicherheit in der Zukunft. Doch was hätte die Frühlingsblumen jemals daran gehindert, es im nächsten Frühling nicht doch wieder zu probieren? Danke dafür, liebe Schneeglöcklein, Primeln, Osterglocken und Krokusse, denn ohne euch wäre der Frühling sehr viel trostloser. Lernen wir also für einmal von unseren Freundinnen der Flora, wie wir das Leben für uns und andere schön, hoffnungsvoll, optimistisch und stark gestalten.

Über Vertrauenswürdigkeit

Vertrauen ist eines der am meisten inflationär verwendeten Wörter. Wir fordern Vertrauen ein wie Rückgeld im Tante-Emma-Laden, doch geben tun wir es nur sehr selektiv und begrenzt. Mit Recht? Hätten wir mehr Vertrauen, dann hätten wir weniger Angst, doch das Leben lehrt uns, dass Vertrauen nicht immer angebracht ist. Ist Kontrolle also doch besser als Vertrauen?

Vor ein paar Jahren hätte ich den Satz «Vertrauen ist gut. Punkt!» noch vorbehaltlos unterschrieben. Das Leben hat mich in der Zwischenzeit anderes gelehrt. Ich habe Experten vertraut, die versagt haben, ohne dafür die Verantwortung zu übernehmen. Ich habe Menschen vertraut, die mich im entscheidenden Moment verraten oder hängen lassen haben. Ich habe auf das Gute vertraut, dass es am Ende immer siegen möge. Ich habe dem Staat vertraut, dass er/sie/divers seine Bürger schützen möge und das Beste für sie tue. Ich habe den Medien vertraut, dass sie die Dinge hinterfragen, die vierte Macht im Staat wären und Dinge publik machten, die nicht in Ordnung sind. Nun ja, man lernt dazu, und ich habe mir viele Gedanken gemacht zu Vertrauen, auch zu meinem Vertrauen und meiner Vertrauenswürdigkeit.

Hätte ChatGPT den Artikel geschrieben und nicht ich, dann hiesse es jetzt, dass Vertrauen die Grundlage jeder Beziehung ist, dass Vertrauen essenziell ist für eine erfolgreiche Zusammenarbeit und ein erfülltes Leben etc., und das stimmt! Vertrauen steht ja auch in fast jedem Leitbild, und zerstörtes Vertrauen ist Ursache grosser Enttäuschungen und tiefen seelischen Schmerzes. Vertrauen ist einer jener Metawerte, die universell gültig und jedem Menschen teuer sind. Ohne Vertrauen wäre das Leben voller Kontrolle, Skepsis, Misstrauen und Argwohn. Wäre? – Schau dich um! – Das Leben ist voller Kontrolle, Skepsis, Misstrauen und Argwohn! Vielleicht erinnerst du dich an Walt Disneys «Dschungelbuch»: Die Schlange Kaa hypnotisiert Mogli mit den Worten: «Vertraue mir!» Nicht alle meinen es gut mit uns.

In der heutigen Zeit, in der Fake fast nicht mehr von Wirklichkeit zu unterscheiden ist, in der Businessmodelle unermesslich reich machen können, wenn sie nur gross genug angelegt werden, in der alles gekauft werden kann – auch Vertrauen, Einflussnahme und Meinungsbildung –, tun wir wohl gut daran, uns sehr sorgfältig zu überlegen, wem oder was wir vertrauen können, und uns gleichzeitig zu überlegen, wie weit unsere eigene Vertrauenswürdigkeit geht. Nur wo Täuschung ist, kann Ent-Täuschung entstehen. Täuschen tun wir wohl vor allem uns selbst, indem wir zu wenig kritisch hinschauen, uns Projektionen hingeben, Verantwortung abgeben und Idealen nachhängen. Täuschung ist auch die eigene Selbstüber- oder -unterschätzung. Das ist nicht Vertrauen, sondern nur dumm, wenn auch verständlich und menschlich.

Wir können verschiedene Arten von Vertrauen unterscheiden:

1. Urvertrauen, das heisst die innere Überzeugung, dass es das Universum gut meint mit uns und dass am Ende alles gut kommt, weil es sonst nicht das Ende ist. Es gibt Menschen, die dies tief in sich tragen als unzerstörbares Gut. Oft vertrauen solche Menschen auf eine höhere Intelligenz oder Macht, welche eine schützende und regelnde Funktion innehat und dafür sorgt, dass es gut kommt. Wenn du zu dieser Gruppe gehörst, dann kann man dich nur beneiden, denn das ist eine ungeheure Kraft, mit der du zwangsläufig sehr stark, erfolgreich, optimistisch und ein Segen für dich und deine Umgebung bist.

2. Vertrauen in Menschen. Du gehst offen auf Menschen zu und schenkst ihnen dein Vertrauen so quasi als Vorleistung, bis sie dich überzeugen, dass es nicht angebracht war. Vertrauen ist ein Geschenk, genau wie Liebe. Wir müssen uns erst mal nicht «würdig» erweisen, wir müssen auch nichts zurückgeben, sondern vorwärtsgeben, das heisst in diesem Fall, auch zu einem Menschen werden, der vertraut. Doch hier ist es ganz wichtig, dass wir uns selbst nicht überfordern. Vertrauen und Liebe dürfen und können nicht eingefordert werden, und so ist es auch möglich, dass wir nichts zurückbekommen. Deshalb nur so weit lieben und vertrauen, dass wir auch im Fall des «Super-GAUs» – missbrauchtes Vertrauen und verratene Liebe – noch überleben und weiter existieren können, falls uns das wichtig wäre. Wenn wir jemandem ein Weihnachtsgeschenk geben, dann erwarten wir ja auch nichts zurück, sondern geben einfach, um dem anderen eine Freude zu machen. Wir geben nicht mehr, als wir uns zumuten können, und genauso sollte es auch mit Vertrauen und Liebe sein.

«Wer soll uns denn vertrauen, wenn wir uns selbst nicht vertrauen?»

3. Vertrauen in Organisationen und Dinge. Hier ist unreflektiertes Vertrauen wohl nicht angesagt. Prüfe, wofür diese Dinge und Organisationen geschaffen wurden. Versuche herauszufinden, was deren Agenda und/oder Zweck ist. Analysiere sorgfältig, ob das, was dem Produkt oder der Organisation zugeschrieben wird respektive was sie von sich selbst behauptet, konsequent umgesetzt und in der Wirklichkeit über Zeit

sichtbar wird. Das kann sich auch ganz leicht ändern, wenn sich die Führung, Eigentumsverhältnisse und/oder Strategie ändern. Organisationen erliegen ab und zu der Versuchung, in erster Linie für sich selbst zu sorgen und in zweiter Linie Nutzen zu bringen statt umgekehrt.

4. Vertrauen in die Zukunft. Dies ist eine sehr zentrale Form von Vertrauen: schwierig, aber unabdingbar wichtig. Niemand kann die Zukunft vorhersehen, aber wir können sie bewusst gestalten; zwar nicht vollumfänglich, aber doch entscheidend, trotz unserer begrenzten Möglichkeiten. Wir können lernen, das zu manifestieren, was wir uns wünschen und was wir brauchen, denn die Zukunft selbst hat unbegrenztes Potenzial. Theoretisch ist somit alles möglich! Wenn wir unserer Zukunft offen und vertrauensvoll begegnen, dann schaffen wir mit Sicherheit mehr von dem, was uns wichtig ist, als wenn wir uns angstvoll vor möglichen Risiken und Unwägbarkeiten schützen. Du kennst sicher den Ausdruck «self-fulfilling prophecy»: Was in unserem Leben geschieht und was wir wahrnehmen, ist eine Frage des Fokus, den wir einnehmen. Das meiste, was uns Angst einjagt, wird ohnehin nicht eintreten. Mit dem, was uns widerfährt – vieles davon ist nicht vorhersehbar –, werden wir umgehen können, denn wir haben die Fähigkeiten dazu, und wenn wir wirklich Hilfe brauchen, dann wird sie auch verfügbar sein.

5. Vertrauen in uns selbst. Ja, wer soll uns denn vertrauen, wenn wir uns selbst nicht vertrauen? Ist denn unsere Vertrauenswürdigkeit so klein, dass sie nicht einmal über unseren Skalp hinausreicht? Ja, wir haben Grenzen, und ja, auch unsere Vertrauenswürdigkeit ist endlich, und ja, wir sind leider nicht omnipotent, aber ein bisschen etwas dürfen wir uns schon zutrauen, denn wir wachsen nur an den Grenzen, nicht in der Komfortzone.

Vertrauen ist also nicht gleich Vertrauen. Unsere Intelligenz und unsere Intuition helfen uns, zu entscheiden, wann, wo und wie viel angebracht, sinnvoll und gut ist. Natürlich ist es schöner und besser, wie ein Kind voller Vertrauen auf die Welt und Menschen zu blicken, aber vermutlich leben wir länger und besser mit einer Prise Skepsis und einer grossen Dosis Umsicht. Vielleicht ist es mit Vertrauen wie mit vielen Dingen: Mass halten und Nebenwirkungen abwägen, um Schäden zu verhindern und das Optimum zu finden.

Gott im Business oder das Business mit Gott?

Was hat Spiritualität in der Geschäftswelt verloren?

In Zeiten des Storytellings haben auch die ganz grossen Geschichten und Legenden wieder Platz im Business. Hilft das wirklich oder ist es nur Hokuspokus? Macht Spiritualität das Business besser oder die Beziehungen harmonischer? Werden wir deshalb ethischer? Gibt uns Spiritualität Führungsrichtlinien und Sicherheit, oder ist es einfach ein neuer Hype respektive Augenwischerei in Zeiten der grossen Egomanen?

Am morgen zusammen beten und den Rest des Tages respektlos miteinander umgehen ist nicht spirituell. Keine Entscheidungen fällen aus Angst, einander weh zu tun, ist auch nicht spirituell. Sich auf Jesus, Buddha oder Allah beziehen und dann trotzdem rücksichtslos und egoistisch vorgehen ist nicht einmal ethisch. Kein Wunder, kommt da der Wunsch nicht nur nach Ethik und Moral, sondern tiefer Spiritualität auf. Doch warum würden echt spirituelle Menschen in die Corporate World gehen und da bleiben wollen? Brauchen wir die Spiritualität im Business wirklich oder gibt es da nützlichere Spielregeln? Und was ist denn mit dem übrigen Leben? Gibt es da einen Unterschied?

Ganz ehrlich – die heiligen Schriften, mit denen wir aufgewachsen sind und welche massgebend sein sollten für die Entwicklung unserer Spiritualität, wurden von Menschen erfunden und aufgeschrieben, nicht von Gott dem Omnipräsenten und Allmächtigen. Falls es Gott wirklich gibt, dann dürften ihm unsere Firmen und deren Erfolg so ziemlich egal sein. Er/sie hätte bestimmt andere Anliegen. Doch diese verehrten Bücher haben unser Zusammenleben für Tausende von Jahren geregelt und uns gute Grundlagen gegeben für das Miteinanderauskommen. Wir sollten sie nicht beiseite legen, weder im Business noch privat, auch wenn wir uns kategorisch selten daran halten und sie vielleicht auch so gut wie gar nicht konsultieren. Auch Astrologie macht Entscheide nicht zwangsläufig besser, denn die Sterne haben wenig Interesse an unseren Karrieren und selbst der Rosenquarz auf dem Pult sorgt nicht für Harmonie, das kann er auch nicht. Seine Wirkung mag darauf beruhen, dass er uns hellrosa daran erinnert, zwischendurch für ein friedliches Miteinander zu sorgen. Die vielen Talismane, heilige Geometrie wie die Blume des Lebens und das Shri Yantra finden ihre Wirksamkeit mehr in der Symbolik, die wir ihnen geben, als in den ihnen zugeschriebenen Zauberkräften. Realistischerweise sind es einfach schöne Zeichnungen, denen wir eine Bedeutung zugeschrieben haben und ihnen dadurch eine Wirksamkeit attestieren. Das heisst nicht, dass Sie nicht eine Buddha-Statue, ein Om oder ein Christuskreuz im Büro haben sollten, wenn Sie dies daran erinnert, Ihrem Mitgefühl Raum zu geben und Demut walten zu lassen.

Als Christian Haas und ich «Urban Gurus», ein Netzwerk für Führungskräfte und Unternehmer, die «conscious leadership» verpflichtet sind, gegründet haben, ging es uns nicht um Spiritualität, noch weniger um Esoterik und schon gar nicht um einen Geheimbund. Nein, es ging uns darum, Führungskräfte darin zu bestärken, aus ihrem höchsten Bewusstsein heraus zu agieren, Sinn und Bestimmung ihres Tuns zu finden, ihre Prinzipien und Werte zu formulieren, zu kommunizieren und ihnen konsequent nachzuleben und damit eine sinnvolle und motivierende Umgebung zu schaffen und hochwertige Ziele zu realisieren. Wir wollten einen Kreis von Gestaltern zusammenbringen, welchen es um weit mehr geht als Quartalsabschlüsse und EBIT-Maximierung: nämlich um Vision, Purpose und Legacy. Um Ziele, die auch volkswirtschaftlich und langfristig Sinn machen und alle Stakeholders impact-gemäss berücksichtigen. Leaders, die wissen, was sie wollen und dies konsequent umsetzen. Menschen, denen das Wachstum und die Entwicklung ihrer Followers am Herzen liegen und die mit ihrem Tun einen positiven Beitrag an eine nachhaltige, menschlichere Wirtschaft und eine bessere Welt leisten wollen. Rollenvorbilder, deren Tun eine hohe Ethik anhaftet. Es ging uns darum, dass solche Führungskräfte, Trendsetters und Beeinflusser einander kennen und gegenseitig stärken. Wir wollten ihnen eine gemeinsame Plattform zur Verfügung stellen, auf der diese Qualitäten hinterfragt und geschärft werden können. Das war der Zweck der vielen Retreats und Summits.

Spiritualität im Business ist mehr die inhärente Qualität des gesamten Wirkens vom ersten Gedanken bis zur Umsetzung. Dabei sind drei Dimensionen wesentlich:

- Die Verpflichtung der Wahrheit gegenüber (jetzt könnten wir darüber debattieren, was Wahrheit ist, aber eigentlich wüssten wir es schon).
- Fürsorglichkeit gegenüber allen fühlenden Wesen und
- Purpose (ein Zweck, der über das eigene Ego hinausgeht und dem die Leaderin/der Leader sich unterstellt).

Die ganzen Geschichten, Legenden und Rituale haben im Business keinen Platz – sie verwirren und polarisieren höchstens und schaffen Scheinwelten. Doch in der Art, wie wir handeln, lässt sich ein hoch entwickeltes Bewusstsein sehr wohl erkennen, und zwar ganz unabhängig von einer Religionszugehörigkeit. Diese Spiritualität brauchen wir ganz dringend.

Wenn unsere Spiritualität die Grundlage ist für ein moralisch und ethisch vorbildliches Leben, dann wird sich das auch im Business zeigen. Wenn wir Spiritualität ins Business hineinholen wollen, dann ist es künstlich aufgepfropft und wird allenfalls für Sarkasmus sorgen, denn Spiritualität ist kein unabhängiges Wesen, sondern Teil von uns. Sie kommt auf unseren Füssen in die Unternehmen hinein und nicht mit cleveren Konzepten. Wenn Spiritualität proklamiert wird, dann wird sie lächerlich. Kein spiritueller Mensch wird sich so bezeichnen, denn gerade spirituelle Menschen wissen, wie schwer es ist, hohen Idealen konsequent nachzuleben. Wenn Sie spirituelle Menschen erkennen wollen, achten Sie auf folgende Charakteristiken:

1. Sie sind einer Sache (dem Purpose) verpflichtet, die grösser ist als sie selber und auf irgendeine Weise für eine bessere Welt sorgt.
2. Sie unterstellen sich als Servant-Leaders dieser Sache und leben Werten nach, welche ethisch und moralisch hochwertig sind.
3. Sie sind der Wahrheit verpflichtet und werden diese auch einfordern.
4. Sie agieren generell fürsorglich, wertschätzend und hilfsbereit.
5. Sie sind sehr präsent und an vorderster Front dabei, wenn es darum geht, Schwieriges und Unangenehmes anzupacken, bleiben ansonsten aber mehr im Hintergrund.
6. Sie tolerieren nichts, welches den Purpose und/oder die Werte torpediert.
7. Die Menschen um sie herum erhalten die Chance, sich zu entwickeln und zu wachsen, indem sie unterstützt und gefördert werden.
8. Sie behandeln alle Menschen gleichwertig mit Respekt, Freundlichkeit und Toleranz.
9. Sie zeigen Mut und Klarheit in beängstigenden oder bedrohlichen Situationen.

Sollten sich solche Eigenschaften nicht erkennen lassen, dann brauchen sie auch die edlen Geschichten nicht zu glauben …

Was immer du weisst, AI weiss mehr! Ist AI deshalb weise?

Artificial Intelligence AI – oder künstliche Intelligenz KI – entwickelt sich unglaublich schnell und wird mit Sicherheit unsere Geschäftswelt, Ausbildung, Politik, alle Wissenschaften und selbst unser Zusammenleben, sogar vielleicht uns selbst, fundamental verändern. Dies nicht zuletzt, weil wir dem intellektuellen Wissen sehr viel Bedeutung beimessen, denn in unserem Weltbild ist Wissen Macht. Falls das so stimmt, dann hätte AI in Zukunft die grösste Macht. Könnte es jedoch sein, dass wir reines Wissen überbewerten?

Der Dumme ärgert sich, der Weise versteht. Sagte Lao-Tse sechshundert Jahre vor Christus, und das Zitat hält sich hartnäckig bis in die Gegenwart. Es geht hier also nicht um Wissen, sondern um das Verstehen. Was hebt denn das Verstehen vom Wissen ab? Wie kommen wir vom Wissen zum Verstehen? Wenn wir davon ausgehen, dass AI mehr weiss als jeder Mensch – versteht AI dann auch mehr als jeder Mensch? Verstehen entsteht aus dem Aufspüren und Durchdringen der Zusammenhänge. Während Wissen quasi ein Informations-Download ist, geht es beim Verstehen darum, diesen Download mit der eigenen Denkleistung zu ordnen und die dahinterliegenden Muster und Kriterien zu erfassen, was zu einer kleinen Erleuchtung führen kann. Wir erkennen dann die kausalen Prozesse genauso scharf wie die nichtlinearen Verstrickungen, die zu einem bestimmten Resultat führen oder geführt haben. Diese können, müssen aber nicht, logisch sein. So gesehen ist das Verstehen eine Glanzleistung des menschlichen Gehirns. Aus dem Verstehen ergeben sich dann – ebenfalls logische oder nichtlogische und trotzdem wirksame – Handlungsansätze. Oft sind die nichtlogischen, irrationalen Vorgehensweisen sogar die überlegeneren, weil sie nicht so leicht vorhergesagt werden können und durch den Überraschungseffekt weniger sabotageanfällig sind.

Erst aus dem Verstehen heraus entwickelt sich Weisheit. Während wir schon ganz fest nachdenken, hinterfragen und reflektieren müssen, um zu verstehen, wird es bei der Weisheit noch komplizierter. Verstehen können wir mit all unseren intellektuellen Denkfähigkeiten. Für Weisheit braucht es zusätzlich das Gefühl. Mit dem Herzen zu denken, ist aber nun mal nicht jedermanns oder jederfraus Sache, und deshalb bleibt es oft im besten Fall beim Verstehen, und es bildet sich keine Weisheit aus. Im «Kleinen Prinzen» von Saint-Exupéry finden wir den tiefgründigen Satz: «Man sieht nur mit dem Herzen gut.» Was bedeutet das? Nicht weniger als dass das Wesentliche unsichtbar, also verborgen ist. Bei der Weisheit geht es deshalb um viel mehr als um das Erkennen komplizierter Zusammenspiele und das Verstehen komplexer Systeme und Interdependenzen. Es geht darum, Einsichten zu erhalten in das eigentliche Wesen der Dinge. Es geht darum, das Verborgene zu durchdringen und sich dann von diesen Geheimnissen durchdringen zu lassen. Das wirkt transformativ, und wir können dabei über uns selbst hinauswachsen und zu etwas Grösserem werden. Beim Ausbilden von Weisheit geht es also nicht nur um unser Denken, sondern darum, unsere Herzenskraft einzubeziehen, uns im Herzen berühren zu lassen und bereit zu sein, uns zu verändern. Wir können Wissen erlangen, wir können Verständnis entwickeln, doch Weisheit auszubilden heisst, uns grösseren Gesetzmässigkeiten und einem fundamentalen Transformationsprozess zu unterstellen.

Spätestens hier sind wir als menschliche Wesen AI weit überlegen. AI wird nie Weisheit entwickeln können, weil AI – selbst wenn sie sich verselbständigen sollte – niemals weise wird, weil sie kein Herz hat. AI fühlt nicht. Weisheit entsteht erst dadurch, dass wir das Wissen, das wir uns angeeignet haben, in seiner Tiefe durchdringen mit systematischen, aber auch unorthodoxen Methoden. Damit entsteht Verständnis. Hier ist das Ende von dem, was mit dem Kopf durch Reflexion und Denken möglich ist. Weisheit entsteht erst aus dem Wirkenlassen des Erfahrenen, daraus, dass wir das Verstandene im Herzen wiegen und mit unserer Empathie verbinden. Daraus, dass wir auf unser Innerstes hören, intuitive Eingebungen wahrnehmen und das Denken mit Liebe durchdringen, denn Weisheit ist, wenn die Erkenntnis mit der Liebe verbunden wird.

AI – künstliche Intelligenz – ist vielleicht gar keine Intelligenz, sondern lediglich umfassendes Wissen. Das Wiedergeben von gesammelten Erkenntnissen, neu gebündelt und umverpackt. Intelligenz ist, was wir anwenden müssen, wenn wir nicht wissen, was wir tun sollen. Da kommt AI gar nicht hin.

> *«Weisheit ist disruptiv und schon deshalb selten gewünscht oder willkommen.»*

Was bedeutet dies nun für unseren Auftritt im Business und in der Welt als solches? Braucht es Weisheit in der normalen Geschäfts- und Wirtschaftswelt, oder reicht da auch Verständnis oder sogar blosses Wissen? Wahrscheinlich reicht in vielen Fällen reines Wissen, und da kann uns AI gute Dienste leisten und unterstützen. Genau da ist unsere berufliche Existenzberechtigung jedoch auch gefährdet, denn AI hat mehr Wissen zur Verfügung als jede Einzelne von uns.

Als Führungskräfte sind wir gefordert, nicht nur zu wissen, sondern zu verstehen, um die Strippen richtig zu ziehen. Ohne fundamentales Verständnis keine Innovation, keine sinnvolle Veränderung und kein intelligentes Gestalten. Wissen macht uns nicht weise, es führt nicht einmal zwangsläufig zum Verstehen. Wir brauchen dazu reflexive Prozesse, Brainstorming, Entscheidungsfindung, Alternativen, Feedback, den Mut, Dinge infrage zu stellen, die Fähigkeit zu Out-of-the-box-Thinking. Da wir nur die Denkprozesse einbringen können, die wir ausgebildet haben, brauchen wir des Weiteren Dialog, Austausch, Inspiration von aussen, Thinktanks etc.

Wann brauchen wir Weisheit? Erst dann, wenn wir unser Sein auf eine ganz neue Ebene bringen wollen … erst dann, wenn wir mit unserem Latein am Ende sind, in der Sackgasse stecken und es keine bekannten Lösungen mehr gibt. Erst dann, wenn etwas fundamental Neues, Grösseres gefragt ist. Weisheit ist somit disruptiv und schon deshalb selten gewünscht oder willkommen, auch selten verständlich oder verstanden. Weise sind deshalb meistens ausserhalb der Gesellschaft oder der Geschäftswelt. Erst wenn ihre Weisheit Nutzen und überraschende Lösungen gebracht hat, dann wird der oder die Weise bewundert, verehrt und gesucht. Es ist jedoch wahrscheinlicher, dass weise Frauen und Männer auf dem Scheiterhaufen landen als auf dem Thron. Man sollte deshalb mit Weisheit behutsam, sorgsam und eben: weise umgehen.

Der Wandel zur Purpose-Gesellschaft

Warum Leistung nach wie vor Sinn macht

Physikalisch gesehen ist Leistung gleich Arbeit geteilt durch Zeit, betrieblich gesehen auch. Deshalb wird immer mehr versucht, die Leistung, also die Produktivität, zu steigern. Der Horror der «Blue Collars» aus der Frühindustrialisierungsphase hat die «White Collars» mittlerweile erreicht und er geht weiter. Immer mehr, schnellere und radikalere Kosteneinsparungen sind angesagt. Doch wie lange kann das so noch weitergehen? Aus dem Paretomodell wissen wir längst, dass übereffiziente Systeme spröde werden und leicht zerbrechen, resiliente Systeme hingegen leider nicht wettbewerbsfähig sind. Das Optimum ist ein schmaler Grat.

Um es vorwegzunehmen, unsere Leistungsgesellschaft muss und wird sich grundlegend verändern. Die Produktivitätsoptimierung – wenigstens in unseren Breitengraden – ist ausgelutscht. Doch Leistung wird immer die Grundlage sein für das Wohlergehen einer Gesellschaft, und so ist die gegenwärtige grosse Transformation sicher nicht das Ende der Leistungsgesellschaft, sondern der Umbau zu einer sinnstiftenden, selbstbestimmten Leistungsgesellschaft. Extrinsisch motivierte Mitarbeitende mit immer höheren Boni werden der Vergangenheit angehören. Manipulation, Druck und forcierte Leistungserbringung werden immer weniger funktionieren. Wir werden uns von einer Leistungs- zu einer Purpose-Gesellschaft verändern, die bewusst und eigenverantwortlich handelt und damit leistet. Die unschöne Alternative wäre, dass über Angst und Zwang weiter optimiert wird, menschenverachtend und verschleissorientiert. Doch was in der Ökologie längst nicht mehr akzeptabel ist, das wird auch im Sozialen kaum mehr Zustimmung und Unterstützung finden.

Wie schaffen wir es also, als Führungsperson, als Unternehmen und als Mitarbeitende diese fundamentale Veränderung zu bewältigen? In unserer empirischen Forschungsarbeit haben wir sieben Erfolgsfaktoren herausgearbeitet für die Umgestaltung der Unternehmenskultur:

1. Sinn und Purpose

In einer digitalen Welt, in welcher sich Führende und Geführte nur noch selten persönlich begegnen, können Sie Charisma vergessen. An dessen Stelle treten ein klarer Purpose, der eigentliche Grund, wofür Sie und Ihr Team sich engagieren wollen, sowie die Sinnfrage. Nur wenn der Purpose im Kopf Sinn macht und im Herzen auf Resonanz stösst, werden sich Leidenschaft für das Ziel, eigenmotiviertes Engagement und hohes Commitment für Resultate entfalten. So wird der Purpose zum grundsätzlichen, intrinsischen Motivator. Wenn ich mir darüber im Klaren bin, was ich will und wofür ich das will, gehe ich die notwendigen Extrameilen, und die Arbeit selbst wird zur Belohnung. (Endorphine, die Glückshormone, werden übrigens vor allem dann ausgeschüttet, wenn wir gemeinsam Erfolg haben oder etwas für andere tun.) Frei nach Jim Collins: «Get the right people on the bus, get the wrong people off the bus and get the right people in the right seat!»

2. Vertrauen

Vertrauen ist der Hauptfaktor für selbstverantwortliche Leistung. Kontrolle wird in Zukunft weniger möglich sein und auch weniger akzeptiert werden – nicht nur von den Millennials, sondern von allen, die leisten wollen und können. Verbesserte und verfeinerte Kontrollmöglichkeiten gehen in die falsche Richtung, denn sie sind eine Beleidigung für hochgradig eigenmotivierte, selbst lernende und kompetente Mitarbeitende, die regelmässig qualitativ hochwertige, sicht- und messbare Leistungen liefern. Der Satz «Vertrauen ist gut, Kontrolle ist besser» wird in der neuen Welt so zu «Vertrauen ist gut».

3. Sichtbare, messbare Resultate

Konkrete, gut abgelieferte, sichtbare Leistungen mit nachvollziehbaren Kriterien zeigen, ob das Vertrauen, das in uns gesetzt wird, gerechtfertigt ist. Das ist zwar kein neuer Erfolgsfaktor, wird in der digitalen Welt aber noch viel wichtiger und für alle relevant. Bahnbrechende, wirksame Leistung in hoher Qualität wird uns die so notwendige Reputation bringen – auch aus dem Homeoffice heraus. Denkarbeit und Grundlagenforschung hinter den Flüssigkristallkulissen, die nicht zu sichtbarer Wertschöpfung und fassbaren Ergebnissen führen, sind äusserlich schwer zu unterscheiden vom Nichtstun. Es wird also stark darum gehen, die eigenen Schöpfungen auch vorzeigen zu können.

4. Eigenverantwortlichkeit

Wenn äussere Motivation und Kontrolle wegfallen, dann sind wir völlig auf uns selbst gestellt. Wie wird es Ihnen gehen, wenn Ihnen niemand sagt, was Sie zu tun haben? Richtig! Sie suchen sich Ihren ganz persönlichen Purpose und engagieren sich für diesen mit grosser Leidenschaft. Sie perfektionieren diesen täglich und achten sorgfältig darauf, immer wieder konkrete, sichtbare Fortschritte aufzuzeigen und Resultate abzuliefern, denn nur so überzeugen Sie auf Dauer. Wenn Sie dachten, es würde bequemer ohne Führung und Überwachung, dann muss ich Sie enttäuschen! Wer die Freiheit hat, der hat auch die Verantwortung. Sollten Sie keinen eigenen Purpose haben, dann ist es natürlich durchaus sinnvoll, den Purpose von jemand anderem wirkungsvoll zu unterstützen und sich so einer «Purpose-Gemeinschaft» anzuschliessen.

5. Lebenslanges Lernen und Umlernen

In hoher Geschwindigkeit zu lernen und dabei gute Entscheidungen zu treffen, wird unabdingbar sein. Wir werden zu lebenslangen Turbo-Lernenden werden. Das Gelernte werden wir auch immer wieder «Entlernen» müssen. Davon spricht niemand. Wenn Sie einmal ein Klavierstück mit falschem Fingersatz eingeübt haben, dann wissen Sie, wovon ich spreche. Das Entlernen geht fast so lange wie das Lernen. Konstant in der Lernzone, also ausserhalb der Komfortzone zu leben, heisst natürlich auch, dass wir eine Fehlerkultur aufbauen müssen, denn so wirklich Richtigmachen gibt es nur in der Komfortzone. Das heisst nicht, dass wir jeden Flüchtigkeitsfehler auch noch belohnen sollten, doch es heisst, dass wir Perfektion und Fehlerfreiheit nur noch von Robotern erwarten dürfen.

6. Intuition – die neue Kompetenz im Management

Wenn Geschwindigkeit und Komplexität weiter zunehmen, dann wird es kaum mehr möglich sein, alles zu wissen und zu verstehen. Es wird auch unwahrscheinlich, dass wir so viel so schnell lernen können, wie wir es eigentlich bräuchten. Wir sind also darauf angewiesen, unsere intuitiven Fähigkeiten auszubauen, sodass wir treffsicher werden, ohne zu wissen und ohne die notwendigen Grundlagen zu haben. Die Ausbildung intuitiver Fähigkeiten ist durchaus machbar, nur in der gegenwärtigen Zeit – in Managementkreisen – vielerorts noch unpopuläres Neuland. Packen wir das an, bevor wir zu den hoffnungslos Abgehängten gehören!

7. Agilität und Flexibilität

Gorbatschow prägte den Ausdruck «Wer zu spät kommt, den bestraft das Leben». Agilität und Flexibilität lassen uns schneller und adäquater reagieren, Altes loslassen, Neues anpacken und so öfter zur richtigen Zeit am richtigen Ort sein und da die grösstmögliche Wirkung entfalten. So werden wir schneller merken, wenn wir in Sackgassen stecken, rascher Unnötiges von Essenziellem unterscheiden und bereitwilliger alte Denkmuster und Glaubenssätze loslassen.

Die neue Leistungsgesellschaft oder eben Purpose-Gesellschaft wird zusammengefasst sehr viel freiheitlicher, demokratischer, eigenverantwortlicher und lustvoller werden.

Dass diese Kulturverschiebung nur miteinander und in intensiver Kommunikation erfolgen kann, ist selbstredend. Offenheit, Verletzlichkeit, Toleranz, Mut und die Bereitschaft, auszuprobieren und zu verwerfen, sind entscheidend in diesem anspruchsvollen Prozess, den wir alle zum ersten Mal erleben.

Teil 4

Transformationen

Was unterscheidet Transformationen von Veränderungen? Wann sprechen wir von Transformationen? – Nun, Veränderungen können oft rückgängig gemacht werden, Transformationen nicht. Bei einer Transformation gibt es das Alte nicht mehr. Es gibt also keine Möglichkeit mehr, den alten Zustand herzustellen. Genau wie der Schmetterling keine Raupe mehr werden kann, kann ein neuer Zustand nicht mehr zurückgespult werden …

Betreffen die Transformationen nun Firmen oder Menschen, dann gilt es, sehr sorgfältig abzuschätzen, mit welchen Auswirkungen und Konsequenzen die gewünschte Transformation einhergehen wird. Womit müssen wir – auch als Nebenwirkungen und unbeabsichtigte Effekte – rechnen? Bei Transformationen gibt es keine alten Versionen oder Back-ups mehr.

Im Business-Umfeld sind Transformationen entsprechend selten, denn meistens kann man die Schraube zurückdrehen, sollte es doch nicht funktioniert haben. Echte Transformationen sind zum Beispiel Merger, Firmenverkäufe und -schliessungen, Kulturveränderungen, die Umstellung von Businessmodellen, das umfassende Ersetzen einer Software, der Abbau oder die Neuwahl von Standorten, die Umwandlung des Firmenzwecks oder im politischen Bereich die Neugründung oder Auflösung von Ländern nach Kriegen oder politischen Entscheiden.

Oft wird das Wort Transformation missbräuchlich eingesetzt und es geht um relativ harmlose Veränderungen und kleine Entwicklungsschritte: eine neue Strategie oder eine neue Generation von Ausbildungsprogrammen. Zum Glück, können wir anmerken, denn oft werden die Auswirkungen nicht oder ungenügend abgewogen.

Transformationen geschehen auch im persönlichen Bereich: Neue Einsichten führen vielleicht zu inneren Veränderungen, neuen Glaubenssätzen und neuen Einstellungen. Wir sind dann nicht mehr der Mensch von vorher, auch wenn wir uns physisch nicht gleich verändert haben und uns andere Menschen durchaus wiedererkennen. Selbst das Erwachsenwerden ist eine Transformation, denn Sie können beim besten Bemühen kein Kind mehr werden und schon gar kein Embryo. Transformationen können auch durch bestimmte, tiefgreifende Geschehnisse – im Positiven (Bewusstseinsveränderungen) wie im Negativen (Kriege und Traumata) – hervorgerufen werden. Dies kann natürlich auch mit ganzen Bevölkerungsgruppen geschehen, seien es die Mitarbeitenden einer Firma oder die Bürger eines Landes oder Angehörige einer Volksgruppe.

Warum Transformation, wenn es auch anders geht?

Überlegt sich die Raupe, ob sie ein Schmetterling werden will oder nicht? – Und was, wenn der Schmetterling doch wieder lieber Raupe wäre? Transformationen sind umfassend, tiefgreifend, unabänderlich und damit auch bedrohlich. Sind sie freiwillig? Wer will sie? Wer verursacht sie? Als Führungspersonen sollten wir Transformationen bewusst einleiten, begleiten, führen und umsetzen. Wirklich? Früher haben wir von Veränderungsprozessen gesprochen. Das war mal. Dann haben wir von konstantem Lernen und kontinuierlichem Verbessern und Entwickeln gesprochen. Das war mal. Heute sprechen wir von Transformationen. Was bedeutet das eigentlich?

So wird es in der Wikipedia definiert: «Unter Transformation versteht man den Prozess der Veränderung, vom aktuellen Zustand (IST) hin zu einem angestrebten Ziel-Zustand in der nahen Zukunft. Eine Transformation repräsentiert einen fundamentalen und dauerhaften Wandel.» Im Gegensatz zu einer Veränderung, die auch wieder rückgängig gemacht werden kann – man denke nur an die Wechsel der Aggregatzustände von Wasser zu Dampf oder zu Eis und wieder zurück –, ist eine Transformation fundamental und dauerhaft. Sollte es der Raupe also nicht gefallen, ein Schmetterling zu sein, dann hat sie einfach Pech gehabt. Der Weg zurück ist nicht vorgesehen. Möchte Rost wieder zu Eisen werden, dann wird es ebenfalls schwierig für den Rost … Die Natur fordert und bietet Transformationen auf allen Ebenen. Oft sind auch Entwicklungsprozesse transformativ und damit mindestens teilweise unfreiwillig, aber auch natürlich und notwendig.

Wie ist es denn mit den von Menschen verlangten Transformationen? Da, wo ich mich selbst transformieren will, zum Beispiel von einem Menschen in ein Lichtwesen oder in ein anderes Geschlecht, ist das ja ganz okay. Falls ich dann noch herausfinde, wie ich das angehen kann und mich diesem Prozess völlig hingebe, ist das meine Sache und mein eigenverantwortlicher, selbst gefällter Entscheid. Was aber, wenn ich das für ganze Teams, Einheiten, Firmen oder Länder entscheide? Kann ich das? Darf ich das? Schon bei Veränderungen ist der Widerstand gross, weil Veränderungsprozesse nicht zwingend erfolgreich sind. Veränderungsbedürfnisse entstehen normalerweise aus Angst oder aus einem Wunsch einiger weniger heraus, die nicht zwangsläufig erleuchtet sind. Ob sie gelingen und wie das Endresultat aussieht, wissen wir nicht, weil wir nichts über die Zukunft wissen oder garantieren können. Wir hoffen einfach, dass die gewünschte und beabsichtigte Vision durch den Veränderungsprozess zur neuen Realität wird. Bei rund 70 Prozent aller Veränderungsprojekte ist dem erfahrungsgemäss aber nicht so; sie scheitern zum überwiegenden Teil. Manchmal folgt dann die Rückabwicklung, manchmal werden neue Prozesse eingeläutet, meistens mit neuen «Change-Managern» und immer mit neuen, unverbrauchten Hoffnungen. Wie ist denn das bei einer Transformation? Ist es nur ein neues Modewort, oder sind das wirklich so fundamentale, dauerhaft verändernde Prozesse, die zurzeit so dringend angesagt sind? Bei einer Rede am Chicago Global Council on Global Affairs sagte der Gründer des World Economic Forum (WEF) Klaus Schwab, dass die vierte industrielle Revolution im Rahmen des «Great Reset» zu einer Verschmelzung unserer physischen, digitalen und biologischen Identität führen werde. Verschmelzung! In seinem Buch «Shaping the Future of the Fourth Industrial Revolution» schreibt er, dass beispielsweise implantierbare Microchips eingesetzt werden könnten, um die Gedanken von Menschen zu lesen. Was, wenn uns dann das doch nicht so gefallen sollte? Transformativ verschmolzen, in der Blutbahn zirkulierend oder wieder veränderbar?

Bei den natürlichen transformativen Prozessen können wir davon ausgehen, dass die Natur keine strategischen Absichten oder Eigeninteressen hat und weder benachteiligt noch bevorzugt. Bei den menschlich induzierten bin ich mir da nicht so sicher. Wir sollten hier extrem achtsam und aufmerksam bleiben und uns sehr gut überlegen, was wir riskieren, was die möglichen Konsequenzen sind und wem das zu guter Letzt nützt beziehungsweise schadet. Gerade weil transformative Prozesse nicht rückgängig gemacht werden können, ist es unabdingbar, sich vorher zu überlegen, was wir riskieren. Einfach ist das nicht, denn wer Macht und Geld hat, hat auch Einfluss – auf die Politik, auf die Medien, auf die Gesetze, auf Universitäten (und damit das, was und wie gelehrt wird) und auf Firmen (wer wofür Geld bekommt, um zu produzieren). Die Schlüsselfrage ist deshalb: Wie kommen wir also zu einer gesunden, ausgewogenen Meinungsbildung? Wie können wir wissen, ob es diejenigen, welche uns Transformationen vorschlagen, auch wirklich gut meinen mit uns? Wir leben in einer Zeit, in welcher Unvorstellbares möglich ist, aber auch unglaubliche Gefahren lauern. Nicht alle News sind «fake», aber wie wissen wir, was

«Die globalen Herausforderungen brauchen weltumspannende Lösungen.»

stimmt und was nicht? Die globalen Herausforderungen brauchen weltumspannende Lösungen. Doch wer genau darf diese mitgestalten? Wer kann mithalten? Wer ist beteiligt?

Christian Haas und ich haben vor ein paar Jahren unser Herzensprojekt Urban Gurus ins Leben gerufen, um Zukunftsdialoge unter Führungskräften zu ermöglichen, die für sich und ihre verantworteten Bereiche eine klare Vision ausarbeiten wollen. Diese Visionen sollten einem verbindlichen Purpose dienen. Mit der wiederholten Frage «Wofür?» gelangen wir zur Essenz unserer Vision. Fragen Sie sich also immer wieder – und am besten mehrmals hintereinander: «Wofür?» Der Purpose (der eigentliche Zweck unseres Handelns und Gestaltens) ist in seiner Qualität und Ausprägung der konkrete Ausdruck unseres gegenwärtigen Bewusstseins. Je mehr wir also unser Bewusstsein schärfen, einer ethischen Prüfung unterziehen und auf eine für die Welt und Menschen positive, lebenswerte Zukunft ausrichten, desto wahrscheinlicher werden wir anstehende Transformationen in die richtige Richtung lenken und desto klarer können wir erkennen, was dem grossen Ganzen dient und was ihm schadet. Ich möchte Sie deshalb in aller Dringlichkeit auffordern, an diesem Bewusstsein und an Ihrem wirklichen Purpose zu arbeiten, denn mit Transformationen lässt sich nicht spassen, und sie werden zurzeit nicht nur geplant, sondern bereits auch umgesetzt.

Du bist, was du denkst!

Kraft und Grenzen der Selbstprogrammierung

Wie schön, wenn wir einfach das wären, was wir denken! Für uns würde dann gelten, was schon für die grossen Götter der Römer und Griechen galt. Zeus, der grösste Womanizer aller Zeiten, war Schwan, Amphitryon, Schlange, goldener Regen, Stier oder was immer es gerade brauchte, um zu verführen. Er war, was er dachte, und verwandelte sich dann mal kurz. Bei Harry Potter geht das auch, bei den meisten von uns klappt das leider nicht so gut.

Vielleicht erinnern Sie sich an den Witz des Psychiatriepatienten, der dachte, er wäre ein Weizenkorn. Nach unendlich vielen Sitzungen waren er und sein Arzt sich einig, dass er in Wirklichkeit doch kein Weizenkorn sei, und er wurde aus der Klinik entlassen. Nach kurzer Zeit rannte er schreiend zurück: «Herr Doktor, Herr Doktor, da draussen steht ein Huhn!» «Aber Sie wissen jetzt doch, dass Sie ein Mensch sind und kein Weizenkorn!», sagte der Arzt etwas entnervt. «Ja, ich schon, aber das Huhn da draussen nicht!», meinte darauf der Patient ganz verzweifelt …

Das ist nun das Dilemma, zwischen Göttervater und Psycho. Wo stehen wir? Wie steht es mit den blinden Flecken? Sind wir, was wir denken oder etwas ganz anderes? Wer entscheidet denn, was wir sind? Reflexionskompetenz ist angesagt. Das stetige Hinterfragen: Wer bin ich? Wer möchte ich sein? Wer möchte ich nicht sein? Wie wirke ich auf andere? Was verursache ich mit meinen Worten und Taten? Was kommt an, und wie interpretieren Menschen und Tiere meine Präsenz? Nein, liebe Leser, wir sind nicht nur, was wir denken, sondern ebenso, was andere denken. Kultur, Kontext und momentane Situation bestimmen, wie wir gesehen werden, genauso wie unsere eigenen inneren Werte und Filter definieren, was wir zeigen und sein wollen. Getrauen Sie sich, sich zu offenbaren, denn dann entstehen Resonanz und Dissonanz im Umfeld, und Sie spüren sich besser. Holen Sie Feedback ein und Sie lernen, was Sie in den Augen anderer sind.

Das bringt uns zur Frage der Authentizität: Soll ich so sein, wie mir wohl ist, oder soll ich so sein, wie mich andere haben möchten? Was geschieht, wenn mein authentisches Ich nicht so gefragt ist? Zeus lässt grüssen, denn er konnte sich einfach in das verwandeln, was am besten ankam. War Zeus eigentlich authentisch in seinen Verwandlungsformen? – Ja, war er! Weil er Zeus war. Und wir? Sind wir authentisch, wenn wir dem entsprechen, was wir sein wollen oder sollen? – Ja, sind wir auch! (Man kann da aber auch ganz anderer Meinung sein.)

Authentisch bleiben Sie immer dann, wenn Sie wissen, dass Sie nie ganz das sind, was Sie sein möchten, und trotzdem nicht aufgeben, Ihrem höchsten Bewusstsein zu folgen. Authentizität heisst, seine Errungenschaften schätzen und sein Entwicklungspotenzial kennen und dabei nichts verbergen, auf das man lieber verzichten möchte, sondern bewusst daran arbeiten, dass sich das verändert. Experimentieren Sie mit Ihren zukünftigen Formen! Wie fühlt sich Ihre Version 2.0, 3.0 oder 4.0 an? Nichts ist fix – (fast) alles ist veränderbar.

Jedes lebende Wesen ist stets im Werden begriffen. Wir sind somit nicht so oder so, sondern wir sind ein momentaner Zustand, der dauernd mutiert. Einige dieser Changes werden uns von aussen aufoktroyiert, andere bestimmen wir selbst mit dem, was wir denken, fühlen und wollen. Weizenkörner sind wir zwar keine, aber wir können uns so fühlen (das wäre dann das Maximum der Empathie). Fast immer besteht eine Lücke zwischen dem, was wir gerade sind, und dem, was wir als Idealbild vor uns haben. In seltenen Momenten sind wir auch mal ganz zufrieden mit uns selbst und akzeptieren uns so, wie wir gerade sind, nur um im nächsten Moment wieder einen Wunsch zu verspüren, was wir auch noch sein oder haben möchten. Statistisch gesehen mögen 95 Prozent der Frauen ihren Körper – oder Teile davon – nicht, sie empfinden ihre Figur als zu dünn, zu dick (meistens), zu lang oder zu kurz. Ganze Industrien leben davon. Ja, soll es denn mit der Persönlichkeit anders sein? Ist es nicht genau diese ewig währende Unzufriedenheit, die uns wachsen lässt? Oder ist es die Neugier und das sich im Unbewussten manifestierende Potenzial, das Lust auf Neues und Anderes macht und uns so ebenfalls – und erst noch freudiger – wachsen lässt? Mit unserem Bewusstsein und unserer metakognitiven Kompetenz (Reflexionsfähigkeit) können wir uns so ganz gezielt und schrittweise in eine neue Richtung verändern, neues Potenzial erschliessen und zu dem werden, was wir wollen. Halt nicht so schnell und absolut wie Zeus, aber mit der Zeit doch ganz beeindruckend.

«Jedes lebende Wesen ist stets im Werden begriffen.»

Wer waren Sie, als Sie zehn waren? Mit zwanzig? Mit dreissig? – Und jetzt? Wer und was werden Sie – Ihrer Vision gemäss – in zehn Jahren sein? Und am Ende Ihres Lebens? Wer bestimmt und gestaltet das? Es ist eine gute Übung, sich das aufzuschreiben. Gefällt Ihnen Ihre Vision, oder möchten Sie etwas verändern?

Wenn wir glauben, das zu sein, was wir denken, liegen wir wahrscheinlich falsch. Doch wenn wir uns ganz ehrlich und immer wieder wie von aussen betrachten, sorgsam darauf achten, was in unserem Umfeld durch unsere Präsenz entsteht, in ungeschminktem Dialog mit anderen deren Meinungen erfragen und selbst ein Bild in uns aufbauen von dem, was wir sein wollen, wofür wir stehen und was wir verwirklichen wollen, dann, meine Damen und Herren, werden wir dem, was wir sein wollen, ein grosses Stück näherkommen. Folgen Sie Ihrer Vision, leben Sie Ihren Purpose, und schaffen Sie eine Legacy, auf die Sie stolz und für die andere dankbar sind!

Von wegen Freiheit

Wir tragen Masken gegen Viren, auf deren Packungen steht, dass sie nicht gegen Viren schützen. Wieso? – Wir umgeben uns mit Menschen, die uns nicht wichtig sind. Wieso? – Wir ziehen uns Informationen rein, die uns nicht interessieren. Wieso? – Wir essen Nahrungsmittel, die uns nicht guttun. Wieso? – Wir befolgen Befehle, von welchen wir wissen, dass sie widersinnig sind. Wieso?

Alle Nationen plädieren dafür, dass Freiheit und Selbstbestimmung das wichtigste Gut sind. Die meisten Menschen möchten frei und selbstbestimmt leben. Wirklich? Wenn uns das so wichtig wäre, warum fordern wir es denn nicht ein? Warum arbeiten wir nicht täglich an dieser Freiheit. Könnte es sein, dass wir uns in der Geborgenheit von Strukturen, Vorgaben und Vorgefertigtem doch wohler fühlen? Könnte es sein, dass Freiheit auch ganz viel Verantwortung mit sich bringt, der wir uns nur zu gerne entziehen? Ist es uns egal, wie wir leben und geformt werden, Hauptsache, es ist angenehm und wir sind satt? Oder haben wir einfach Angst, uns gegen das aufzulehnen, was uns diese Freiheit vorenthält?

Freiheit ist in erster Linie das Bewusstsein, gestalten zu können und zu wählen – und ich meine jetzt nicht an der Wahlurne. Freiheit bedeutet, dass ich das denke, fühle, sage und tue, was ich bewusst will. Nur schon im Denken und Fühlen wird das echt problematisch, da die Forschung herausgefunden hat, dass mein Unbewusstes Sekunden vorher schon entschieden hat, ob ich das Eis kaufe oder nicht, ob ich links oder rechts gehe und ob ich das Vis-à-vis sympathisch finde oder nicht, lange bevor mein bewusstes Denken eingeschaltet wird. Beim Sprechen und Tun ist es noch ausgeprägter: Konditionen und Glaubenssätze erlauben oder verbieten, was wir sagen sollen oder dürfen. Politisch, taktisch, manipulativ wählen wir sorgsam die sogenannt beste Strategie. Verbote, Verpflichtungen, Anweisungen und Gesetze halten uns in engen Grenzen. Aber nicht nur die, sondern auch die ganz subtilen Zensuren, das Hochziehen der Augenbrauen, der missbilligende Blick, abwertende Bemerkungen, die unsichtbaren Algorithmen, die uns in eine persönliche Scheinwelt zwingen, lenken uns in eine ganz bestimmte Richtung. So werden wir über die Zeit erzogen und angepasst. Wo ist da die Freiheit geblieben? Wir begeben uns sogar freiwillig in die Unfreiheit, nämlich überall da, wo wir nicht bewusst entscheiden, sondern uns treiben lassen, sei es aus Bequemlichkeit, Gleichgültigkeit oder Angst, anzuecken. Wieso?

Freiheit entsteht erst, wenn sich alle frei entfalten und frei wählen können.

Einen grossen Teil der Freiheit haben wir damit bereits verloren, ohne es gemerkt zu haben. Ja, selbst ohne die Freiheit zu vermissen, denn es wird ja gut gesorgt für uns. Wir werden umsorgt und versorgt und das ist ganz praktisch. Das Denken wird uns abgenommen, die Verantwortung auch und die einzige Pflicht, die wir haben ist es, die Erwartungen der Versorger und Umsorger zu erfüllen. So werden wir durchs Leben geschoben von der Wiege bis zur Bahre: angepasste Mitläufer mit Boni und Beförderungen belohnt für das konforme Verhalten und das Verbreiten gängiger Meinungen, für das Aufrechterhalten bestehender Strukturen und das Umsetzen verabschiedeter Strategien. Wollen wir das wirklich? Doch wer ausbricht, der kriegt ganz schnell eins auf die Mütze! Nein, ich will Euch nicht aufstacheln zur Revolution. Die Dinge müssen sich organisch verändern. Doch ich bitte Euch, wenigstens die Freiheit zu nehmen, die uns noch zusteht: Das bewusste, reflektierte Wählen. Das Ausloten der Diversität. Das Reflektieren über die Beweggründe. Das Weiterdenken und über die Grenzen Hinausdenken. Das empathische Fühlen der Wirkungen und Konsequenzen von dem, was uns zugemutet wird. Das Hinter-die-Kulissen-Schauen und das Beobachten dessen, das nicht von den Scheinwerfern beleuchtet wird. Gewinnen wir uns einen kleinen Teil unserer Unabhängigkeit und unserer Freiheit zurück, die uns Handy und Hilfsgelder, aber auch Boni und vorgefertigte Gerichte unbemerkt genommen haben.

Ein erster Schritt dazu ist, sich immer wieder die Frage «Wofür?» zu stellen, wenn wir etwas tun. «Wofür?» bringt uns in die Absicht, die wahre Intention hinter der Absicht. Wir lernen wieder zu spüren, was wir wirklich wollen, hinter dem, was wir zu wollen meinen.

Der zweite Schritt wäre dann, bewusst die Verantwortung zu übernehmen, dafür, was wir tun und sagen oder eben nicht. Jede Aussage und jede Handlung sind nämlich unsere Wahl, die wir – mit mehr oder weniger Freiheit – ausführen. Eine Wahl haben wir immer, aber nehmen wir sie auch verantwortungsbewusst wahr? Durch bewusstes Wählen kommen wir weg von «Mir isch gliich/Ist mir egal», dem Mitläufertum, zu einem selbstbestimmten, gestalteten Leben.

Wenn du zu den Fortgeschrittenen gehören willst, zu denen, die mehr als zwei Schritte tun, dann gilt es, dich mit deinen Ängsten auseinanderzusetzen. Den Mut haben, anzuecken, dich dem Vorgefertigten zu widersetzen, dich von Abhängigkeiten zu befreien und Manipulation aufzudecken. *Freiheit entsteht erst, wenn sich alle frei entfalten und frei wählen können. Unsere Freiheit endet also da, wo sie die Unfreiheit anderer in Kauf nimmt oder schafft.*

Erst wenn wir an diesem Punkt angekommen sind, an welchem wir mutig, verletzbar, klar, bewusst, respektvoll und aufrichtig sind, werden wir zu Gestaltern. An diesem Punkt wird es deshalb auch ganz, ganz wichtig, *das Ego zurückzunehmen*, um für das grosse Ganze da zu sein und gemeinschaftlich das Bestmögliche zu erschaffen: *eine Gesellschaft, die nicht in Gewinner und Verlierer aufgeteilt wird*, sondern in welcher jede und jeder seine ganz persönliche Freiheit gemäss den eigenen Wünschen und Bedürfnissen leben kann und gleichzeitig dazu beiträgt, dass das für alle möglich wird. Die einzigen Grenzen wären dann die Freiheit des anderen, die wir respektieren, denn solange wir keine Rücksicht nehmen und nur für uns selbst optimieren, wird es immer Herrschende und Dienende geben, wobei die Privilegierten ihre Privilegien hüten und ausbauen und die Dienenden zu Herrschenden werden wollen, was zwangsläufig in Revolution und Krieg enden würde, würden solche nicht unterdrückt durch Überwachung, Lenkung, Manipulation, Strafen und Gesetze. Wir haben die Wahl! Wählen wir also aus dem höchstmöglichen Bewusstsein heraus, da wo wir es noch können und dürfen, später dann auch, wo wir nicht dürfen, denn können tun wir immer. Wegschauen und «Mir-isch-gliich/Ist mir egal» geht nicht, wenn wir ersehnte Utopien wahr machen wollen, denn Utopien bleiben nur Utopien, solange wir sie nicht umsetzen, denn das, was wir denken können, das können wir auch realisieren.

Verrückt und doch völlig normal!

Achten Sie doch einmal auf den anerkennenden Unterton, wenn jemand sagt: «So ein verrücktes Huhn!» Im Grunde genommen ist das eher ein Kompliment – Sie können natürlich auch eine Beleidigung daraus machen, doch es braucht schon etwas, um ein solches Feedback so zu bekommen: Erstens tun Sie gerade etwas, das ausserhalb der üblichen Konvention liegt, zweitens fühlen Sie sich auch noch gut dabei, und drittens haben Sie sich Beachtung verschafft, was in unserer Zeit von iTunes, Twitter sorry: X, Blogging, Facebook und allem anderen Social-Müll – Pardon, Social-Media-Gerangel um Aufmerksamkeit – gar nicht mehr so einfach ist.

Ja, was machen denn die verrückten Hühner (VH) besser als andere Menschen? Besser machen sie eigentlich nichts, aber eben anders. VHs sind kreativ. VHs sind selbstbestimmt. VHs sind eigenständig, und damit haben sie genau die USP (neudeutsch Unique Selling Proposition oder einzigartiges Angebot), die Sie als konventionelle Business Person eben nicht haben. Ausserdem hat das auch noch jemand gemerkt, was darauf hinweist, dass es kein AVH (Anonymes VH) oder HVH (Heimliches VH) ist. Gehören Sie auch zu den VHs? Machen Sie doch einfach einmal den folgenden kurzen Test:

- Ich finde, ich könnte besser aussehen, wenn ich schlanker wäre, was mir aber langfristig nicht gelingt, obwohl ich es immer wieder versuche
  J ☐ N ☐
- Ich bin in einer mehr oder weniger glücklichen, festen (wahrscheinlich Hetero-)Partnerschaft oder verheiratet und bleibe da, weil's ganz okay ist
  J ☐ N ☐
- Ich gehe einem regelmässigen Broterwerb nach (oder habe AlV oder einen Mäzen, sprich Ernährer, gefunden)
  J ☐ N ☐
- Ich mache mich höchstens zum Affen, wenn mich niemand kennt
  J ☐ N ☐
- Ich trage angemessene Kleidung, wenn ich arbeite oder ausgehe
  J ☐ N ☐
- Ich schaue mehrmals fern pro Woche und/oder lese ein gängiges Magazin
  J ☐ N ☐

Sollten Sie mehr als dreimal J (heisst ja, woraus Sie schliessen können, dass N nein, no oder non bedeutet) gewählt haben, dann gehören Sie mit grosser Wahrscheinlichkeit zu den Normalos, verdienen das Prädikat VH also nicht. Andernfalls haben Sie eine Chance auf VH-Status, wozu ich Ihnen gratuliere, denn wenn Sie wirklich, wirklich gut werden wollen, dann geht das nicht, ohne dass Sie Sie selbst sind. Wenn Sie aber wirklich, wirklich Sie selbst sind, dann werden Sie auch anecken, auffallen, missfallen und im schlimmsten Fall sogar wahrgenommen werden als das, was Sie sind und was Sie ausmacht. Wenn Sie das dann aber nicht abhält davon, weiter Sie selbst zu sein, dann sind Sie auf dem richtigen Weg, auch richtig gut zu werden.

Hier kommt aber genau die Schwierigkeit: Denn wer sie selbst sein soll, die muss auch kreativ sein. Heisst, Sie müssten dazu erst einmal eine eigene Denke und einen eigenen Stil entwickeln, der eben nur der Ihre ist. Kreativität besteht aber nur dann, wenn Sie etwas Neues, Eigenes ausprobieren, erfinden oder aufbauen oder wenn Sie etwas Bestehendes neu einsetzen, anwenden oder kombinieren, und wer macht das denn schon! Eben Kreative! Da es Sie aber erst gibt, seit Sie hier sind, wäre das also Ihre erste und wichtigste Aufgabe, kreativ zu sein und Sie selbst zu werden. Alles andere ist nur Kopie und damit zwangsläufig schlechter als das Original, dem Sie grad mal nacheifern.

Hier möchte ich wieder den japanischen Forscher Masaru Emoto bemühen, der erfahren hatte, dass jede Schneeflocke einzigartig sei und dass es in allem Schnee der Welt nicht zwei identische gebe. Er konnte dies fast nicht glauben. Deshalb hatte er eine Methode entwickelt, mit welcher er Schneeflocken hundertfach vergrössern und dann fotografieren konnte, ohne dass sie bis dahin geschmolzen wären (gar nicht so einfach, falls Sie das auch versuchen möchten). Er hat dann Tausende von Schneeflocken und gefrorene Wassertropfen fotografiert, und siehe da: Es stimmte. Nie fand er zwei identische Schneeflocken. Ähnliche ja, aber keine gleichen. Er konnte sie in Mustergruppen und «Familien» ordnen, aber nie war eine ganz genau gleich wie eine andere. Könnte es nicht sein, dass dies für Menschen, die ungleich komplexer sind als Schneeflocken – na ja, wenigstens einige davon –, auch gelten könnte?

Also: Raus aus der Komfortzone – rein ins Sie-selbst-Werden! Hier ein paar Tipps dazu:

Sorry, jetzt wäre ich fast in die Falle getappt, Ihnen zu sagen, wie es geht, und genau das müssten Sie jetzt selbst herausfinden, wenn Sie sich selbst realisieren möchten. Ich könnte Ihnen ja nur meinen Weg zeigen, der nicht der Ihre ist, denn wenn der Weg zum Sie-selbst-Werden so klar vor Ihnen läge, dann ist es bestimmt nicht Ihr Weg, sondern der Weg, den jemand anderes schon einmal gegangen ist. Ihren Weg müssen Sie erst finden, gestalten und gehen im unbetretenen Gelände, welches das Leben selbst ist. Erst wenn Sie den Weg gegangen sind und ganz viele hinter Ihnen herlaufen, dann wird es ein breiter, attraktiver, leicht auffindbarer und gangbarer Weg werden für andere, Ihre Followers.

Was gewinnen Sie dabei? Ganz viel:

Erstens brauchen Sie nie mehr eine Diät zu machen.

Zweitens kosten Sie Ihre Garderobe, Ihre Wohnung und Ihr Make-up wahrscheinlich weit weniger als bisher (Vorsicht, es gibt hier gegenteilige Annahmen).

Drittens tun Sie das, was Sie mögen, wann Sie es mögen, wo Sie es mögen, wie Sie es mögen und vor allem nur falls Sie es mögen.

Viertens werden Sie viel zufriedener sein mit sich selbst, auch wenn Sie nicht mehr alle Erwartungen erfüllen, was Ihnen übrigens auch ziemlich schnuppe sein wird.

Fünftens werden Sie ein besseres Bewusstsein für sich selbst entwickeln, sich besser spüren und endlich wieder merken, was Sie eigentlich wollen und brauchen.

Sechstens werden Sie sich getrauen, dies konsequent zu leben und umzusetzen und damit ein glücklicheres, erfüllteres und passenderes Leben für sich selbst kreieren, das wieder oder noch mehr Spass und Sinn macht, und

Siebtens werden Sie ein Vorbild und ein Trendsetter werden für andere anstelle eines Followers von anderen. Sie werden anderen Mut machen und Inspiration geben. So wird vielleicht mal jemand von Ihnen mit einem grossen Grinsen und viel Bewunderung sagen: «Was für ein verrücktes Huhn!»

Möge das das neue Normal werden für alle.

Querdenker – oder einfach voll daneben?

Querliegen … quer rüberkommen … Querstreifen … Querelen … Mit quer verbinden wir in der Regel nichts Gutes oder Positives. Quer ist schräg. Warum sollte Querdenken nun plötzlich gewünscht sein? Keine Bange: Ist es nicht!

Wer querdenkt, der steht auch sonst etwas quer im Leben. Und doch: Da, wo alles streamlined, angepasst, genormt und reguliert ist, da hat Querdenken schon eine gewisse Anziehungskraft. Einfach weil es so erfrischend ist: mal etwas ganz anderes, Ungewohntes und eben Schräges und damit Spannendes, vielleicht sogar Schockierendes. Aus lauter Langeweile fangen wir an, quer zu mögen. Nicht aber die Menschen, die das tun, denn die sind eher anstrengend. Passen Sie also auf: Querdenken ja, aber Querdenker(in) sein, das dann doch nicht. Frage ist nur, wenn dem so ist, wer denkt dann quer?

Wer kann das überhaupt? Wer darf das denn?

Tatsache ist, dass die, die das tun, gar nicht fragen, ob sie das dürfen. Sie tun es einfach und dann erleben sie die Reaktionen. Querdenken ist so quasi das Hirn gegen den Strich bürsten; das, was eigentlich ganz klar ist, in Abrede stellen oder in einen ganz anderen Zusammenhang bringen. Das kann durchaus erfolgreich sein, geht aber oft auch ganz schön daneben. Sollten Sie sich nun wirklich erdreisten, querzudenken, dann gilt es, ein paar Regeln zu beachten:

1. Verbünden Sie sich mit intelligenten, selbst denkenden Menschen, welche sich wenig darum scheren, was andere über sie denken. Menschen, die mehr am Denken selbst interessiert sind als an dem, was andere meinen. Menschen also, die selbstbestimmt, eigenständig und mit offenen Augen und Ohren durchs Leben gehen und den Mut haben, ihren Überzeugungen Ausdruck zu verleihen, indem sie entsprechend handeln.

2. Hinterfragen Sie gängige Meinungen, statt sie zu übernehmen. Fragen Sie sich zur Abwechslung mal, was denn an Donald Trump so positiv, nett, attraktiv, überzeugend und intelligent ist; immerhin wurde er demokratisch gewählt. Sehen Sie: Das ist gar nicht so einfach, weil sich unser Hirn unmittelbar unwohl fühlt beim Querdenken.

3. Versuchen Sie, einmal das Gegenteil zu tun von dem, was «man» tut: Bestel-

len Sie um 19 Uhr ein Frühstück im Restaurant; tragen Sie zwei verschiedene Schuhe; schreiben Sie eine Argumentation, welche um 180 Grad Ihrer Normalansicht widerspricht. Sind Sie zum Beispiel Nichtraucherin, dann verfassen Sie eine Werbebotschaft, warum jeder unbedingt rauchen sollte. Lieben Sie Spaziergänge in der Natur, dann denken Sie sich aus, warum jedes Stück unbebauter Boden ein verlorener Teil Kultur und Fortschritt ist. Trauern Sie um die sich zurückziehenden Gletscher, dann überlegen Sie, warum es gar keine Gletscher geben sollte. Ungewohnt? Störend? Befremdlich? Ja sicher, denn das ist das Wesen von querem Denken.

4. Spielen Sie den Advocatus Diaboli wo immer möglich, auch wenn nicht angebracht. Das ist ziemlich lustig. In einer Diskussion mit Freunden warten Sie, bis sich alle in einer Meinung gefunden haben (siehe unter Punkt 2 zum Beispiel D.T.). Sobald das der Fall ist, behaupten Sie das Gegenteil und vertreten diese Ansicht mit all Ihren intellektuellen und rhetorischen Fähigkeiten. Sobald Sie die einzig Verbliebene sind im Raum respektive sich alle Gesprächspartner intensiv mit ihrem Handy und nicht mehr mit Ihnen befassen, können Sie Ihre neu gewonnene, quere Ansicht revidieren und fragen, wie das denn die anderen sehen.

5. Gehen Sie auf keinen Fall mit der Mode. Falls doch, dann um mindestens zehn Jahre zeitversetzt oder mit der Mode aus anderen Kulturkreisen. (Sie werden staunen, wie anmutig und kleidsam Djellabas sein können.)

6. Achten Sie generell darauf, dass Sie auffallen, denn sonst merkt keine Sau, dass Sie querdenken.

7. Probieren Sie Dinge aus, die sich niemand traut. Es ist zwar möglich, dass Sie dabei verhaftet werden, doch der Spass lohnt sich auf jeden Fall, und wer kann schon auf Erinnerungen an eine Nacht im Gefängnis zurückgreifen …

8. Sobald Sie echt Spass haben an den sieben obigen Punkten, hören Sie unverzüglich auf mit den Experimenten. Sie könnten sonst zur Querdenkerin – und damit ausgegrenzt – werden. Falls es Sie aber schon so gepackt hat, dass Sie darauf nicht mehr verzichten mögen respektive können, dann ist es wichtig, dass Sie sich zu den Themen, die Sie querdenken, ganz schlaumachen. Lesen könnte hier helfen. Wer nämlich querdenkt, der sollte das sehr fundiert tun, denn massive Angriffe werden nicht ausbleiben.

9. Sind Sie in diesem Stadium angekommen, dann ist es höchste Zeit, sich von dem gängigen Muster zu lösen, gefallen, ankommen oder bewundert werden zu wollen. Solche Normalo-nullachtfünfzehn-Durchschnittsbedürfnisse sollten Sie nun nicht mehr kümmern. Sie sind Ihrer nicht mehr würdig, und zudem können Sie sie auch nicht mehr befriedigen, also weg damit.

10. Suchen Sie sich einen neuen Freundes- und Bekanntenkreis, denn in Ihrem Herkunftsumfeld würden Sie sich jetzt sehr unverstanden fühlen, mal ganz abgesehen davon, dass Sie auch nicht mehr eingeladen werden.

11. Sollten Sie nun auch noch das völlig unverständliche Bedürfnis haben, an die Öffentlichkeit zu treten mit Ihren queren, inakzeptablen Gedanken und Gefühlen, dann stellen Sie sich auf viele Schmähmails, Drohungen und anonyme Zuschriften ein. (Anonym deshalb, weil die richtig Angepassten sich scheuen, eine eigene Meinung zu haben, diese zu äussern und dann womöglich noch Negativrückmeldungen zu bekommen.)

12. Wenn Sie das alles durchgestanden haben, intelligent und fundiert argumentieren und obendrein noch «Likes» generieren und damit eine Gefolgschaft finden, dann könnte es allerdings sein, dass Sie die Menschheit etwas aufrütteln und damit weiterbringen. Es wäre sogar möglich, dass Sie ein Trendsetter, eine Vordenkerin, ein Frechdenker und so eine Meinungsmacherin werden, an den/die man sich dann seinerseits wieder anpasst …

Haben Sie immer noch Lust auf Querdenken?

Ja dann: Willkommen in der ungeschätzten Gilde der unbequemen Zeitgenossen und -genossinnen mit dem Potenzial, die Welt im Gleichgewicht zu halten. Herzlich willkommen in der ungeliebten Minderheit der kritischen Gegenstromschwimmer und -schwimmerinnen. Willkommen bei den Kämpfenden für eine denkende und erfahrende statt wissende und behauptende Elite, denn nichts ist so gefährlich wie eine Menge, die gleichgeschaltet ist in unangetasteten Dogmen, oder ein Staat ohne Opposition.

Gelebte Visionen

«Wer Visionen hat, soll zum Arzt gehen!», sagte der Bundeskanzler Helmut Schmidt auf die Frage nach seiner Vision. Andererseits steht die Vision für die meisten erfolgreichen Menschen im Zentrum ihrer Aufgabe. Im Management ist das Wort «Vision» mittlerweile schon fast nicht mehr wegzudenken, und wehe dem, der keine hat. Doch was sind denn Visionen wirklich?

Nicht alle schaffen es, von Kate zur Princess of Wales zu werden, und nicht aus jeder Nachwuchsfrau wird eine erfolgreiche Geschäftsfrau oder Top-Managerin. Nicht alle Unternehmer*innen werden Millionär*innen und nicht alle Sportler*innen gewinnen Gold in der Weltklasse. Spielen Visionen dabei wirklich eine Rolle? In Interviews überrascht es immer wieder, dass Karrieren nicht geplant wurden, sondern «einfach so» entstanden sind. Die Visionen werden dann sozusagen nachgeliefert, nachdem der Erfolg sich schon eingestellt hat. Und doch: Nachhaltig erfolgreiche Menschen haben eine ganz starke Vorstellung davon, was sie im Leben tun und erreichen möchten, und sie leben dieser ziemlich kompromisslos nach.

Familienfrau oder doch CEO?

Der Unternehmer – nennen wir ihn hier Andreas Z. – war schon etwas in die Jahre gekommen. Seine drei akademisch gebildeten Söhne hatten ihren Berufseinstieg erfolgreich gemeistert und Andreas Z. hoffte, dass sie einst das Unternehmen übernehmen und weiter ausbauen würden. Eilig hatten es Letztere jedoch nicht mit der Machtablösung – sie pflegten lieber ihre teuren Hobbies. Für die Tochter Roxanne – obwohl auch sie mit Studienabschluss – war anderes geplant: Sie würde dereinst wohl heiraten – allenfalls wäre der potentielle Schwiegersohn ein künftiger Nachfolger. Doch es kam alles anders! Die Wirtschaftskrise hinterliess tiefe Spuren im elterlichen Geschäft, ein drohender Konkurs war nicht mehr auszuschliessen. Die Söhne verloren ihr bescheidenes Interesse am Einstieg und empfahlen ihrem Vater, die Firma zu verkaufen. So entschied sich Roxanne, die mittlerweile mit einem Künstler verheiratet war, ihre ganze Kraft einzusetzen, um die wankende Firma zu sanieren und weiterzuführen. Sie wusste zwar nicht genau, warum, aber es schien ihr, dass das von ihrem Urgrossvater gegründete Unternehmen nicht vor die Hunde gehen dürfe. Unterstützung bekam sie anfangs wenig. Weder ihr Vater noch die Brüder noch die Bank trauten ihr das Abenteuer zu. Erst nach mehreren Monaten Überzeugungsarbeit wurde sie «zugelassen». Heute ist sie eine erfolgreiche CEO, nicht ohne Rückschläge, aber mit grosser Überlegtheit und Motivation und extrem hohem Einsatz. Obwohl es ihr gelungen ist, das Unternehmen wieder auf Kurs zu bringen, weiss sie, dass noch viele, vielleicht wesentlich grössere Herausforderungen auf sie warten. Sie ist zufrieden und stolz, ohne dass sie dabei ihren Willen, ihre Bescheidenheit und ihre sachliche Haltung eingebüsst hat.

Viel Arbeiten ist noch längst nicht Karriere machen …

Marita hatte es schon schwieriger. Ihr Erststudium in Mathematik führte nicht zu einem befriedigenden Job, so studierte sie Volkswirtschaft und schloss mit Doktorat ab. Um schnell viel Geld zu verdienen, liess sie sich von einer Investment-Bank anheuern, doch da gefiel ihr die Kultur nicht. Sie machte sich selbständig als Finanzberaterin, um ihr Leben besser gestalten zu können, doch das erwies sich als schwieriger, als sie sich dies vorgestellt hatte. Dank ihrer reichhaltigen praktischen Erfahrung, ausgezeichneter Referenzen und einem guten Netzwerk schaffte sie den Einstieg als Professorin mit Teilzeitpensum an einer Fachhochschule, doch auch das füllte sie nicht aus. Sie engagierte sich in verschiedenen Projekten und Start-ups, um ihr, wie sie meinte, eintöniges Berufs- und mangelndes Privatleben aufzupeppen. Eine unfreiwillige Zäsur (Stellenverlust) führte zu einigen Monaten Sabbatical, in welchen sie sich mit den verschiedensten Spezialgebieten auseinandersetzte, um ihrem Leben eine neue Richtung zu geben. Zufällig traf sie auf eine Idee, welche sie restlos begeisterte. Sie forschte, sie lernte, sie schrieb, sie entwickelte, sie publizierte, sie netzwerkte, und je mehr sie sich mit der Materie auseinandersetzte, umso mehr wollte sie sich für genau dieses Thema engagieren. Sie hatte das gefunden, wonach sie ihr Leben lang gesucht hatte! Damit wollte sie sich nun exklusiv befassen, davon leben, darin Meisterschaft erlangen und international ganz vorne dabei sein.

Was verbindet die beiden Geschichten? Beide Frauen hatten nicht mit einer Vision angefangen, sondern sie sind darauf gestossen. Visionen haben nun mal die Tendenz, uns zu finden; etwa so, wie die Liebe uns und nicht wir die Liebe finden. Doch auch hier können wir ein bisschen nachhelfen.

Lassen Sie sich berühren!

Während wir ganz ohne Absicht durchs Leben flanieren, treffen wir auf Dinge und Situationen, die uns freuen, begeistern, ärgern, traurig machen oder entsetzen. Meistens flauen diese Gefühle nach kurzer Zeit wieder ab, weil wir uns nicht oder (zu) wenig darauf einlassen. Doch genau diese Emotionen sind Einladungen für Visionen. Ob wir unser Leben geben wollen für etwas, das uns fasziniert, oder ob wir eine Misere in etwas Positives verwandeln möchten – Visionen mögen im Kopf entstehen, tragfähig werden sie jedoch nur, wenn wir unser Herz beteiligen. Roxanne bedrückte es, dass das Familienunternehmen pleitegehen oder verkauft werden sollte, Marita fand ihre grosse Liebe in Form einer zündenden Idee, die sie anspornte.

Sind Sie oder Ihre Vision grösser?

Solange wir nicht bereit sind, etwas Grösserem zu dienen, als wir selber sind, beschränken wir uns auf das Machbare. Typischerweise liegen Visionen an der Peripherie unserer Möglichkeiten: Wir wissen nicht, ob sie gelingen, aber wir sind bereit, alles dafür einzusetzen. Das macht Visionen auch gefährlich, denn wie viele haben ihr Leben, ihre Gesundheit, ihr Vermögen oder ihre Beziehungen aufs Spiel gesetzt und eventuell sogar verloren, um ihre Visionen zu erfüllen? Marita hat ihre Stelle aufgegeben und alles auf eine Karte gesetzt, Roxanne hat ihr Familienleben und ihr Vermögen eingebracht.

Ist es Wahnsinn oder Vision?

Visionen sind ursprünglich mystische Erfahrungen, meist mit religiösem Charakter. «Sehende» wurden sowohl als Propheten und Orakel verehrt wie auch verfolgt und als Hexen verbrannt. Visionen gehören auch zu den psychotischen Zuständen und werden psychiatrisch behandelt, denn sie sind weit mehr als einfache Vorstellungen und Phantasien: Sie erfassen unser gesamtes Wesen, sodass wir ihnen folgen müssen. Jeanne d'Arc, die 18-jährige Bauerntochter, zog aufgrund göttlicher Eingebungen in den Krieg und gewann die Schlacht bei Orléans gegen die Engländer. Mozart «hörte» die Musik schon als kleines Kind, er konnte sie einfach niederschreiben. Ein Berufswunsch, der schon in jüngsten Jahren entsteht und konsequent umgesetzt wird, kann eine Vision sein, oder das tiefe Wissen darum, wo man einmal leben wird.

Wie können wir unterscheiden, ob unsere Vision eine gesunde oder eine kranke ist? Es gibt dazu einen Grundsatz: Wenn es richtig ist, ist es irgendwie einfach und geht ganz leicht: Das, was man sich vornimmt, gelingt, Unterstützung kommt wie von selbst, wunderbare Zufälle ergeben sich und wir «wissen» im Innersten, dass wir auf dem richtigen Weg sind.

«Ohne konsequente Umsetzung wird aus der schönsten Vision nichts!»

Fingerzeige des Unbewussten

Der grösste Teil unseres Handelns und unserer Entwicklung läuft jenseits unseres bewussten Denkens ab. Im Unbewussten dürfte wohl auch das gespeichert sein, was wir als Lebensaufgabe oder Seelenentwicklung bezeichnen. Wir finden unsere Vision am ehesten, wenn wir auf die Dinge achten, mit welchen wir Resonanz empfinden. Die Intuition – Eingebungen frei von Angst und Wunschdenken – hilft uns, die richtigen Entscheidungen zu treffen. C.G. Jung prägte das Zitat: «Solange wir das Unbewusste nicht bewusst machen, nennen wir es

Schicksal.» Prüfen wir also, wo unsere Visionen herkommen! Dazu brauchen wir Zeit für Reflexion, Kontemplation und Meditation respektive Tagträumen.

10 % Inspiration, 90 % Transpiration

Ohne konsequente Umsetzung wird aus der schönsten Vision nichts! Erst durch den vorbehaltlosen Einsatz, jahrelanges Üben und Experimentieren wird aus Vision Erfolg. Das Lebenswerk gelingt selten auf Anhieb. So hatte die heutige Princess of Wales und Gattin des englischen Kronprinzen William den Übernamen «waity Katy», denn nach ihrer Trennung vor vielen Jahren glaubte ausser ihr niemand mehr, dass etwas werden würde aus der Beziehung mit dem begehrtesten aller englischen Junggesellen. Ähnlich geht es vielen Künstlerinnen und Wissenschafterinnen: Nur wenn sie sich und ihrer Vision gegen alle Widerstände treu bleiben, gelingt – vielleicht – irgendwann der grosse Durchbruch.

«Es gibt keinen Weg zum Glück – das Glück ist der Weg» (Buddha)

Dieses grossartige Zitat gilt auch für die Umsetzung der Vision. Diejenigen, welche das verfolgen, was für sie wirklich zählt, empfinden die Befriedigung nicht primär durch die Erfolge, sondern in erster Linie durch die Auseinandersetzung mit der Materie. Wer nur auf Resultate ausgerichtet ist, wird häufiger Frustration empfinden, als wer sich intensiv mit dem befasst, was ihm/ihr wichtig ist, ihn/sie interessiert und Spass macht.

Für Lösungen braucht es ein höheres Bewusstsein

«Wir können die Probleme nicht mit dem gleichen Bewusstsein lösen, mit dem wir sie geschaffen haben»

Dieses Zitat von Albert Einstein ist in unserer Zeit wesentlicher als je zuvor. Die brennendsten Probleme, mit welchen wir zurzeit konfrontiert sind, fühlen sich an wie Blackboxes: Wir haben keine Ahnung, wie sie anzugehen sind. Frauen ins Management zu bringen, hilft auch nicht, denn das gegenwärtige Bewusstsein auch der Frauen reicht bei weitem nicht aus, um nachhaltige, tragfähige Lösungen zu schaffen. Oder doch?

Viele Missstände, welche uns das Leben schwer machen – Klimaprobleme, Nahrungsmittelverteuerung, Umweltverschmutzung, kriegerische Auseinandersetzungen, Religionsfanatiker oder ökonomische Turbulenzen im Finanzbereich und der Realwirtschaft – haben wir mit unserem (gesunden?) Egoismus selber verursacht oder zumindest nicht verhindert, weil wir uns zwar sehr gewissenhaft um unser eigenes Wohlergehen kümmern, Stakeholder, mit welchen wir keine direkten Interessen teilen, jedoch völlig ausblenden. In einer Welt zu leben, in welcher es in erster Linie um sich selber geht, ist schlussendlich für keinen mehr lebenswert.

Alle für einen, aber nicht einer für alle!

Wussten Sie, dass das reichste eine Prozent der Weltbevölkerung rund 50 Prozent der Gesamtressourcen besitzt und kontrolliert, während den ärmsten 90 Prozent weniger als 18 Prozent der Weltressourcen gehören? Dass dieses eine Prozent alles daran setzen wird, in absehbarer Zeit 95 Prozent der Weltressourcen zu kontrollieren, dürfte klar sein. So werden die restlichen 99 Prozent «unterworfen», um diesem einen Prozent zuzudienen. Eigentlich ist das jetzt schon Realität: Überlegen Sie nur, wem Ihre Liegenschaft gehört, vielleicht auch Ihr Auto und wie viele Monate Sie für Renteneinkommen der Besitzenden, Steuern und Zinsen arbeiten pro Jahr. Die «Bilanz» veröffentlichte seinerzeit, dass im Jahr 2014 die 300 reichsten in der Schweiz wohnenden Menschen pro Person um 80 Millionen Franken reicher wurden, während die Durchschnittslöhne einmal mehr gesunken waren. Kinder, Tiere, Arme und Unterprivilegierte und unser Planet selber können sich keine Lobbyisten leisten und werden so immer mehr zu Verlierern. Möglich, dass es auch in Europa wieder einmal eine Revolution geben wird, weil so viel Aggression aufgebaut wird von denjenigen, die nicht am Leben teilnehmen können und die keinen Ausweg mehr sehen. Arabischer Frühling, Terrorismus, Kriege und Unruhen sind Ausdruck von blinder Wut und Hilflosigkeit – aber auch hier sind die Beweggründe schlussendlich auf das eigene Wohlergehen gerichtet: Jede und jeder möchte, dass es ihr/ihm besser geht.

Die Entwicklung des Bewusstseins von 1.0 bis 4.0

Otto Scharmer und Katrin Kaufer haben in ihrem wunderbaren Buch «Leading from the emerging future» die Evolution durch vier verschiedene Bewusstseinszustände und deren Auswirkungen auf die verschiedenen Lebenssysteme untersucht und die Evolution aufgezeigt.

1. Instinkt und Anarchie: Das Leben nach dem Lustprinzip

In einer ersten Phase des Bewusstseins – nennen wir es 1.0 – sind die Menschen nur darauf ausgerichtet, ihre tägliche Nahrung zu beschaffen und einen sicheren Platz zu haben. Gemeinschaften werden von Anarchie geprägt – der Stärkere hat die Oberhand und isst zuerst. Was übrig bleibt, wird der Stärke nach weitergereicht, die Schwächsten überleben nicht. Es wird weder geplant noch Verantwortung übernommen. Erste kleine Gruppen schliessen sich zusammen, bauen gewisse Regeln, wer sich nicht daran hält, wird verstossen.

2. Macht und Egoismus pur

In grösseren Verbänden taugt das nicht mehr, und so werden Klassen geschaffen und Spezialisierungen entstehen. Damit wird das Bewusstsein 2.0 geschaffen. Es werden Strukturen entwickelt, in welchen sich die Mächtigen behaupten können und die anderen unterworfen werden. Die Interessen der Starken werden systematisch gesichert und befriedigt durch Gesetze und Philosophien, welche einigen wenigen Vorteile verschaffen, und die Kosten werden der Mehrheit übertragen. Kommt Ihnen das bekannt vor? Die meisten feudalen Systeme beruhen auf Bewusstsein 2.0: Wer sich gegen diese Systeme auflehnt, wird verfolgt, bestraft und ausgegrenzt. Das Paradigma lautet: «Wenn jeder für sich sorgt, dann ist für alle gesorgt.»

3. Sozialisierung

Irgendwann werden die Auswüchse dieser Denke und dieses Handelns ziemlich offensichtlich und unerträglich. Die Sensibleren und Intelligenteren in solchen System wehren sich, und so entstehen Hilfsorganisationen, Stiftungen, Auffangbecken und Regeln, welche dafür sorgen sollen, dass es den Randständigen nicht ganz so arg gehe und sie etwas abbekommen von den Rechten und dem Reichtum der Wohlhabenden. Das Bewusstsein 3.0 ist zwar immer noch egoistisch, aber mit etwas weicheren Konturen. Die Systeme sind erträglicher, weil Härtefälle unterstützt werden. Die meisten europäischen Staaten leben 3.0 mit einem gewissen Einbezug weiterer Kreise von Stakeholdern, doch wir geben lediglich aus dem Überfluss, ohne wirklich zu teilen. Ausserdem bleiben auch im Bewusstsein 3.0 noch grosse Teile des Ökosystems unberücksichtigt.

4. Ganzheitliches Denken und Verantwortung

Hier müsste die grundlegende Veränderung des Bewusstseins ansetzen: Erst wenn wir aus der Haltung heraus denken, fühlen, sprechen und agieren, welche die Gesamtheit unseres Planeten einbezieht, werden wir es schaffen, neue Lösungen zu generieren, welche die gegenwärtigen Probleme bewältigen. Heisst, dass im Bewusstsein 4.0 sämtliche fühlenden Wesen wie auch der Planet selber jederzeit in unserem Herzen und in unserem Kopf präsent sind. Es wird uns aus dieser Perspektive nicht mehr möglich sein, Dinge, Pflanzen, Tiere oder Menschen schlecht zu behandeln, weil uns ihr Schmerz und ihr Zustand genauso berührt, wie wenn es uns selber beträfe, was es ja auch tut, wenn wir ein ganzheitliches Bewusstsein haben. In dieser hohen Achtsamkeit und in diesem im wahrsten Sinne allumfassenden Bewusstsein können wir nur noch weise und liebevoll sein, weil wir im Innersten spüren, dass wir keinen Schritt weiterkommen, wenn wir nicht das ganze System einbeziehen. In jedem Moment und überall wird uns dieser Zustand des ganzheitlichen Bewusstseins begleiten.

Was bringt mir das?

Falsche Frage! Sie würde nur zeigen, dass Sie immer noch im Bewusstsein 2.0 zuhause sind. Was es bringt, ist, dass die Welt durch Ihre Präsenz ein kleines bisschen besser oder zumindest nicht schlechter wird. Ein kleines bisschen schöner, angenehmer, lebendiger und gesünder. Wo immer Sie vorbeikommen, geht es den Menschen, Tieren, Pflanzen und Dingen etwas besser, weil Sie ihnen aus Ihrem Bewusstsein heraus Gutes tun. Ihnen bringt es die Gewissheit, dass Sie Ihren Teil dazu beigetragen haben, dass unser Planet mit allem, was in diesem Ökosystem existiert, eine ein Mü grössere Chance hat, zu überleben, denn in dieser schicksalshaften Zeit geht es genau darum.

Veränderung fängt im Innersten an

Was für die Gesellschaft gilt, gilt auch für jede(n) Einzelnen: Im Bewusstsein 1.0 leben wir einfach instinktiv und nach dem gegenwärtigen Lustprinzip: Gut ist, was Befriedigung verschafft. Im Bewusstsein 2.0 gestalten und optimieren wir unser Leben: Gut ist, was uns hilft, stärkt und guttut. Wir ver-

> *«Es gibt viele Möglichkeiten, die Welt zu verschönern und einen besseren Platz werden zu lassen.»*

wirklichen und entwickeln uns und sichern unsere Pfründe ab. Wir denken etwas langfristiger und breiter. Auf Stufe 3.0 beziehen wir unsere Familie und Freunde ein, lassen also einige Stakeholder an unserem Wohlstand und Wohlbefinden teilhaben. Erst im Bewusstsein 4.0 werden wir für alle und alles sehr achtsam, liebevoll und präsent sein. So wird es in unserem Umfeld etwas sauberer, farbiger, angenehmer und heller. So wird es allen Wesen und Dingen in unserem Einflussbereich ein kleines bisschen besser gehen, egal wie kurz der Kontakt auch sein mag. Kleine Dinge: Menschen anlächeln, aufmuntern, trösten und unterstützen. Lieb sein zu Tieren und spüren, was sie brauchen. Pflanzen pflegen, Räume lüften, Abfall wegräumen, sauber machen, Wasser sparen, achtsam einkaufen. Grosse Dinge: Zusammenhänge verstehen, Verständnis wecken, Empathie zeigen, sich für ganzheitliche Systeme unter Berücksichtigung aller Stakeholder einsetzen, Schwache schützen … es gibt so viele Möglichkeiten, die Welt zu verschönern und einen besseren Platz werden zu lassen. So helfen wir alle einander, ein besseres, gesünderes und freudigeres Leben zu schaffen, und plötzlich ist das Boot nicht mehr ganz so voll, dafür ist das Leben etwas voller an Freude, an Interesse und an Zuneigung.

Leider gibt es dafür keinen Fünf-Punkte-Plan, denn das ist fundamentale, minutiöse tägliche Arbeit an unserem Bewusstsein, an unserer Achtsamkeit und an unserer Persönlichkeit, die jede Minute passiert oder halt eben nicht passiert, denn diese Entwicklung kann nicht verlangt, sondern nur aus einem inneren tiefen Bedürfnis heraus getan werden.

Wie planen, wenn alle Pläne nicht mehr gehen?

Ja, mach nur einen Plan,
Sei nur ein grosses Licht,
Und dann mach noch 'nen zweiten Plan,
Gehn tun sie beide nicht!

(«Ballade von der Unzulänglichkeit menschlichen Planens» aus der Dreigroschenoper von Bertolt Brecht)

Disruptive Times sind weder neu noch ungewohnt. Was der legendäre Kometen- respektive Meteoriteneinschlag für die Dinosaurier war, kann eine Kündigung oder Scheidung sein für einen Menschen, später Frost für die Pflanzen, eine Revolution für Machthabende oder der Zusammenbruch der Märkte für die Börse. Warum bloss tun wir uns so schwer mit plötzlichen Veränderungen?

Zum Glück gibt es sie, die Disruptive Times! Vieles lässt sich nicht einfach so transformieren und behutsam verändern. Die Strategie der kleinen Schritte scheitert oft an Überdruss und Langeweile. Manchmal ist es gut, wenn starre Strukturen, eine verkorkste Situation und ungut Zementiertes zerbricht, denn damit entsteht unmittelbar Platz für Neues und hoffentlich Erfreulicheres. Das Leidige an solchen Rupturen ist, dass wir unsere lieb gewonnenen Gewohnheiten ganz schnell aufgeben, nachdenken und uns neu orientieren müssen. Blöd ist auch, dass wir nicht darauf vorbereitet sind; vielleicht auch deshalb nicht, weil wir es versäumt haben, auf die Sollbruchstellen zu achten, das Ächzen und Knirschen zu hören, welches Rupturen typischerweise vorausgeht.

Lebten wir etwas achtsamer und achteten wir mehr auf die Unzufriedenheit, das Leiden und unhaltbare Zustände, dann würden wir viel früher merken, wo es nächstens krachen könnte, was allerdings auch ohne Vorwarnung und sehr schnell geschehen kann, wie zum Beispiel bei Autounfällen, Herzinfarkten, Hausbränden oder besagten Kometeneinschlägen. Wenn Sie sich mit «Tail-end Risks» auskennen (Risiken, welche weiter als drei Standardabweichungen vom Durchschnitt entfernt sind), dann sind Ihnen Disruptive Events ebenfalls vertraut: nämlich die Dinge, die eigentlich gar nicht geschehen dürften, weil sie nur mit einer Wahrscheinlichkeit von

«Null-Komma-ganz viel Nullen-irgendetwas» auftreten, also unwahrscheinlich, aber halt doch möglich sind. Solche Risiken können für die Wirtschaft lukrativ sein, weil damit extrem gute Business-Modelle gebaut werden können, denn das Geschäft mit der Angst – zum Beispiel vor Disruptive Times – erlaubt unverhältnismässige Margen für sehr kleine Risiken. (Wenn sie dann doch passieren, dann gibt's möglicherweise unter anderem auch die entsprechende Versicherungsfirma nicht mehr.)

Was können man und frau also tun, um sich vor solchen, plötzlichen Brüchen zu schützen? Die Antwort ist: gar nichts. Die Frage ist falsch gestellt. Was genau wollen wir denn schützen? Unser kleines, eingefrästes Ego? Die festgefahrenen Bahnen? Den angehäuften Besitz? Die Frage sollte viel mehr sein: Wie können wir die Disruptive Times für uns nutzen und was von ihnen lernen, falls wir sie überleben? Letzteres gelang den Dinos von damals nicht und wird auch den heutigen Dinosauriern nicht gelingen. Den Tieren und Pflanzen in deren Beuteschema bekam es jedoch schon damals sehr wohl. Sagen wir es so: Wenn Sie Pech haben, dann war's das, wenn Sie Glück haben, gibt's neue Chancen und Freiräume. Es gilt also, den Dingen, die passieren könnten – meistens aber doch nicht eintreten –, relativ gelassen entgegenzusehen, denn Sorgen machen (falls das etwas nützen würde) können wir uns auch noch, wenn das Unvorstellbare Realität geworden ist, so wir das dann überhaupt noch können. Es könnte aber auch sein, dass wir das dann nicht müssen, weil die Ruptur ganz neue, ebenfalls unvorstellbare Chancen birgt.

James Matarazzo und Toby Pearlstein schreiben zu «leadership in disruptive times», dass es vor allem viel Nachschub an Führungspersönlichkeiten braucht, weil diese so schnell wieder weggespült werden. Also auch nicht wirklich hilfreich. Wer Karrierechancen sucht, der sollte sich darüber freuen: Es gibt mehr, wenn auch kürzere, denn beim Rodeoreiten geht es ja auch nicht darum, auf dem wilden Pferd zu bleiben, sondern möglichst sanft zu fallen.

Gehen wir davon aus, dass wir in Zukunft mehr und häufigere Rupturen haben werden, bleibt uns nichts anderes übrig, als möglichst bald eine Haltung zu entwickeln, in welcher es uns leichter fällt, Dinge loszulassen, uns ganz schnell und immer wieder neu zu orientieren und herauszufinden, was die neuen Schlüsselerfolgsfaktoren sind, diese schnell zu realiseren, ohne uns daran festzukrallen, nur um sie dann wieder loszulassen. So weit, so gut, aber was könnten denn solche Schlüsselerfolgsfaktoren sein?

- Resilienz? – Wie lange können Sie wie resilient bleiben, wenn Dinge immer wieder wegbrechen?
- Gemeinschaftsdenken und Teamwork? – Was, wenn die ganze Gemeinschaft betroffen ist?
- Innovation? – Doch lohnen sich Investitionen in Innovation, wenn die Payback-Perioden zu kurz oder nicht gegeben sind?

Sobald wir uns überlegen, was denn helfen könnte, sind wir wieder beim Planen – siehe Brecht. Vielleicht helfen uns Disruptive Times, endlich die Ära der Strategen und Planer zu überwinden und in eine neue Ära der sorgfältig Wahrnehmenden, geduldig Akzeptierenden und absichtslosen, in der Gegenwart lebenden Gestalter zu kommen. Wo Rupturen auftreten, da werden immer auch sogenannt unüberwindbare Strukturen, Macht- und Besitzverhältnisse zerstört. Wo disrupted wird, da entsteht Neues, Ungewohntes und vielleicht sogar Besseres. Vielleicht! – Wissen tun wir's nicht und somit haben wir auch keine Sicherheit. Was wir dabei gewinnen könnten, ist ungewiss. Was wir verlieren könnten, auch. Mit Sicherheit verlieren wir die (äussere) Sicherheit der Dinge – immerhin Stufe zwei in der Maslowpyramide. Was bleibt uns dann? Die Buddhisten nennen das, was wirklich Substanz hat, «groundless ground». Nur in diesem bodenlosen Boden sind wir geborgen, denn alles, was veränderbar ist, was verdirbt, geteilt, zerstört oder aufgelöst werden kann, hat keine Ewigkeit. Die beiden westlichen Philosophen Wittgenstein und Heidegger haben diese Gedanken aufgenommen und in ihrer Bedeutung ausgelotet. Wird es also nicht Zeit, dass wir das Transiente als das akzeptieren, was es ist, nämlich vergänglich? Enjoy, while it lasts! – Aber nicht festhalten! Dafür das, was kommt – was immer es sein mag –, mit offenen Armen empfangen, denn wer weiss, wozu es gut ist?

Die Buddhisten üben dieses Loslassen mit den Sandmandalas: Mit viel Sorgfalt und Liebe werden in wochen- oder monatelanger Arbeit wunderbare Bilder (Mandalas) aus Sand gebaut. Wenn sie fertig sind werden sie dem Wind preisgegeben. So wird das Bewusstsein der Vergänglichkeit aller Dinge gefördert und quasi im Zeitraffer dargestellt, ohne dass an Kunst und Qualität gespart würde für das nächste Sandmandala, denn Fertigkeit und Befriedigung entstehen im Schaffen und Erleben, nicht im Festhalten und Konservieren.

Danke!

Es ist mir ein wichtiges Anliegen, all die Menschen zu würdigen, die mitgeholfen haben, dass dieses Buch zustande kam. Seit über zwanzig Jahren ist es mir als Coach und Beraterin vergönnt, grossartige Persönlichkeiten in ihren Anliegen zu begleiten: mit ihnen zusammen ihr Potenzial zu erschliessen, anspruchsvolle Zeiten durchzustehen oder auch Krisen zu bewältigen. Diese Personen und Teams haben mich ihrerseits so viel gelehrt, dass ich für meine Arbeit nicht nur bezahlt, sondern überaus reich beschenkt wurde. Beim wiederholten Durchlesen des Manuskripts wurde mir einmal mehr bewusst, dass die Erkenntnisse und Einsichten nie hätten entstehen können ohne meine wunderbaren Klientinnen und Klienten. Aus Diskretionsgründen will und darf ich hier keine Namen aufführen.

Auch meinen Lehrerinnen und Lehrern habe ich von ganzem Herzen zu danken für Ihre Weisheit und ihr umfassendes Wissen, das sie so logisch, anschaulich und grosszügig weitergegeben haben. Mit ihren Theorien und Modellen haben sie wesentlich dazu beigetragen, dass ich meinen Erlebnissen Sinn, Akzeptanz und Verständnis beigeben und daraus im Kopf und im Herzen geläuterte Lebenserfahrung destillieren konnte. Die Ausbildungen bei Robert Hargrove, Manfred Kets de Vries, Gunther Schmidt, Horst Krämer, Michael Bohne, Dan Brown und Jagdish Parikh haben mich besonders geprägt.

Mein Leben war bis anhin eine Achterbahn mit wunderschönen, erhebenden Phasen und schwer zu ertragenden Krisen. So möchte ich meinen Freundinnen und Freunden, Kolleginnen und Kollegen, Geschäftspartnern und inspirierenden Vorgesetzten danken für ihre Begleitung, für ihr offenes und ehrliches Feedback, für die vielen Handreichungen und Hilfeleistungen. Ohne diese geliebten, geschätzten und respektierten Menschen wäre ich nicht, wer ich heute bin, und ohne sie hätte ich meinen Lebensweg so nicht gehen können. Allen voran danke ich meinem Lebenspartner Bob und meinem Sohn Alexander, die mich seit vielen Jahren treu begleiten und geduldig ertragen, denn den Menschen, die einem am nächsten stehen, muten wir (leider) oft am meisten zu. Wie es so schön heisst: «Freunde sind Menschen, die uns gut kennen und trotzdem mögen» – das gilt noch mehr für die Menschen, die mit uns das Leben teilen. Die beiden aussergewöhnlichen Menschen haben es immer wieder geschafft, Freude, Sinn, Purpose und Liebe in mein Leben zu bringen und mich am Wachsen und im Lernen zu halten.

Last but not least verdanke ich dieses Buch auch Sandra-Stella Triebl, die mich seit Beginn von «Ladies Drive» alle paar Monate wieder anstösst, meine Gedanken in eine lesbare Form zu bringen, Jean-Paul Thommen, der die Idee hatte, diese in ein Buch zu pressen, Judith Henzmann, die das Geschriebene ordnet und optimiert, sowie René Fehr für die witzigen Zeichnungen, die viel mehr sagen, als Worte ausdrücken können.

Die Autorin

Christina Kuenzle, B.A., MBA, M.S., ist Unternehmerin, Autorin, Betriebswirtschafterin und Veränderungspsychologin sowie Gründerin und Inhaberin der Choice AG, einer Firma für Executive und Business Coaching (www.choice-ltd.com). Christina Kuenzles Haupterfolge liegen im Erschliessen von Potenzialen sowie im Gestalten zukunftstauglicher Modelle für Führung und Veränderung in der Wirtschaft. Nach einer erfolgreichen Karriere im Management arbeitet sie seit zwanzig Jahren als Executive Coach sowohl für Einzelpersonen (Selbstführung und Karrieremanagement) als auch für Geschäftsleitungsteams (Teambuilding, Konfliktlösung, High-Performance und Transformationen). Nebenberuflich setzt sie sich seit ihrer Kindheit mit Musik und Philosophie auseinander und schöpft aus dieser Affinität Inspiration, Harmonie und Ausgleich.